W0185220

Susanne Kerl · Hovawart

ISBN 3-275-01212-6

Copyright © 1996 by Müller Rüschlikon Verlags AG, Gewerbestraße 10, CH-6330 Cham

Sämtliche Rechte der Speicherung, Vervielfältigung und Verbreitung sind vorbehalten.

Titelfoto: Susanne Kerl
Satz: Vaihinger Satz+Druck, D-71665 Vaihingen a. d. Enz
Druck und Bindung: Graficas Santamaria S. A., E-01010 Vitoria-Gasteiz
Printed in Spain

Susanne Kerl

Reihe: »Hunderassen« · Herausgeber: Urs Ochsenbein

Hovawart

Ursprung · Aufzucht · Erziehung · Pflege

Müller Rüschlikon

Inhaltsverzeichnis

»Ergo vom Godewind«, ein vorzüglicher Vertreter seiner Rasse. Foto: Hansen

Für die Vierbeiner Asla, Remus, Brenda und Banja, von denen ich viel über Hunde im allgemeinen und Hovawarte im besonderen lernte.

Vorwort

Während ich überlege, wie ein Vorwort für dieses Buch aussehen könnte, dampft der Tee neben mir in der Tasse, peitscht der Regen an die Fensterscheibe und macht die Heizung wohlige Geräusche. Zu meinen Füßen schlafen völlig zufrieden unsere beiden Hovawarte: die blonde Brenda, 3 Jahre alt, und der fast 10jährige schwarzmarkene Remus. In Kürze werden sie mir durch ein kurzes, aber entrüstetes Bellen mitteilen, daß der Briefträger vorgefahren ist. Dann wird mir Brenda ihren Kauknochen bringen, um sich anschließend wieder behaglich auf die Decke zu legen.

Als wir uns 1982 nach einer für uns geeigneten Rasse umsahen, blätterten wir zunächst Hundebücher durch, so wie Sie es in diesem Moment tun. Fest stand: es sollte kein Jagdhund sein, wir wollten einen großen Hund, und Langhaarigkeit wünschten wir uns auch. Außerdem sollte unser »Zukünftiger« unkupiert sein. So kamen wir auf den Hovawart, der uns vom Äußeren her sehr ansprach, weil er kraftvoll und gleichzeitig elegant war und als lernfreudig und intelligent beschrieben wurde. Wir bestellten voller Vorfreude unsere erste Hündin, die im Februar 1983 das Licht der Welt bei einer VDH-Züchterin in Hannover erblickte. Natürlich hatten wir kiloweise Hundeliteratur verschlungen, doch als wir dann der Realität in Gestalt unseres Wunschwelpen »Asta vom Welfengarten«, blond und süße 9 Wochen alt, ins Auge sahen, landeten wir ziemlich schnell mit den Füßen auf dem Boden. Dieser Irrwisch forderte uns derartig, daß wir ermattet in die Ecke sanken, wenn der Welpe schlief (und er schlief für unseren Geschmack viel zu wenig)! Wir waren der Verzweifelung nahe, weil sich Asla, wie wir sie nannten, von unseren zaghaften Erziehungsversuchen nicht die Spur beeindrucken ließ. Die Ringe um unsere Augen sahen aus wie handgeschnitzt. So anstrengend hatten wir uns den heiß ersehnten Hovawart nicht vorgestellt...

Je mehr wir uns mit der Rasse beschäftigten und auch mit anderen Hovawart-Besitzern in Kontakt kamen, um so klarer wurde uns: Wir besaßen einen völlig typischen, selbstbewußten, temperamentvollen Welpen, der voller Elan nach einem roten Faden in seinem neuen Rudel suchte. *Wir* waren das Problem! Als wir kurz davor waren, mit fliegenden Fahnen unterzugehen, baten wir auf einem Hundeplatz um hilfreiche Unterstützung, stellten uns den neuen Herausforderungen und nahmen endlich die Rolle als Rudeloberhäupter ernst. Von da an entwickelte sich das Zusammenleben positiv. Unser Hovawart bereicherte unser Leben über alle Maßen, und ich kann mir keine andere Hunderasse mehr an meiner Seite vorstellen.

Ich möchte Ihnen in diesem Buch Ursprung und Wesen des Hovawartes näherbringen (viele Aspekte, die ein eigenes Buch füllen müßten, konnte ich nur streifen). Beides ist eng verknüpft mit den Haltungs- und Erziehungsanforderungen, die diese Gebrauchshundrasse an ihre Besitzer stellt. Der Hovawart ist anspruchsvoll, was partnerschaftliche Zuwendung, Familienanschluß und Beschäftigung betrifft – seinen Ansprüchen zu genügen, ist nicht jedermanns Sache! Und so ist es auch ein Ziel dieses Buches, Interessenten vor dem Kauf Entscheidungshilfe

zu geben. Möge mancher es mit dem Stoßseufzer »Ich bin nicht der richtige Mensch für einen Hovawart!« zuklappen und sich nach einer für ihn passenderen Rasse umsehen.
Noch vor 15 Jahren waren Hovawarte auch in Deutschland relativ selten, heute sieht man sie wesentlich öfter. Es besteht meiner Meinung nach die Gefahr, daß der Hovawart ein »Modehund« werden und den Golden Retriever als solchen ablösen könnte. Die für die Rasse schädlichen Begleiterscheinungen durch »Massenproduktion« in dubiosen Hinterhofzuchtstätten sind vom Retriever und etwa dem »Westie« wohl bekannt. Dieses Buch versteht sich daher auch als Plädoyer, Hovawarte nur bei seriösen, streng kontrollierten Züchtern zu kaufen, die sich ihrer Verantwortung bewußt sind, der Wesensveranlagung der Elterntiere größte (!) Beachtung schenken und die Welpen entsprechend sorgfältig aufziehen. Es gilt, die Rasse als nervenstark und familientauglich zu erhalten, damit auch künftige Hundefreunde sagen: Einmal ein Hovawart – immer ein Hovawart!

Gut Sennickerode im März 1996
Susanne Kerl

Wer kann diesem Blick widerstehen? »Bossi vom Mooswald«, 9 Wochen alt. Foto: Rosenfelder

Herkunft und Herauszüchtung

Der Ursprung des Hofhundtyps

In vielen Veröffentlichungen über den Hovawart, mittelhochdeutsch für »Wächter der Habe und des Hofes«, wird das Bild vermittelt, es handele sich bei dieser kynologisch gesehen jungen Rasse um ein wieder ausgegrabenes Juwel, um die Wiederauferstehung eines seit Jahrhunderten bekannten Hundeschlages: treu, wachsam, loyal und unbestechlich. Der Hovawart sei eine Rückzüchtung von Bauernhunden einsamer Höfe aus dem Schwarzwald und dem Harz, heißt es in vielen Hundebüchern. Diese Darstellung erweckt den Anschein, als habe es die Rasse als solche längst gegeben. Was ist dran an dieser Sichtweise, und was war das eigentlich, ein »Bauernhund«?

Der Hovawart – der wiederauferstandene Bauernhund längst vergangener Zeiten? Foto: Kerl

Archäologische Funde aus der Jungsteinzeit

Blicken wir 7000 bis 8000 Jahre zurück ins Neolithikum, in dem die Formenvielfalt unserer Haushunde deutlich zunahm, wie Knochenfunde belegen. »Die Widerristhöhe der neolithischen Hunde variiert zwischen 32 und 60 cm. (...) Die Zunahme der Variabilität des Phänotyps steht offensichtlich in Zusammenhang mit einer breiteren Nutzung von Hunden«, schreibt Benecke 1994. Und: »Neben ihrer Verwendung zur Jagd kamen als neue Aufgaben der Einsatz von Hunden zum Hüten und Treiben von Vieh sowie ihre Nutzung als Wach- und Hofhunde hinzu« (ebd, S. 219). Zimen spricht gar von einer »neolithischen Revolution«: »Welch ein Bruch mit den althergebrachten Normen einer von Jägern dominierten Gesellschaft, gefangene Tiere nicht zu töten, sondern zu füttern und zu pflegen!« (Zimen 1988, S. 97).

Die Haltung von »Hofhunden« etablierte sich, doch nach Benecke weisen die zooarchäologischen Funde darauf hin, daß noch der mittelgroße, schlanke Hundetyp überwog, den der Autor als »unspezialisierten Gebrauchshund« charakterisiert (ebd, S. 220). Aus diesem Bestand wurde eine Selektion vorgenommen und »jeweils Tiere für ganz bestimmte Aufgaben ausgewählt und für diese abgerichtet« (ebd.). Größere züchterische Fortschritte lassen sich erst wieder im römischen Kaiserreich erkennen, wobei zeitgenössische Schriftquellen drei Gebrauchsformen nennen, die bevorzugt wurden: »den schweren Wach- und Hofhund, den schnellen, kräftigen Hirtenhund sowie den mittelgroßen bis großen Jagdhund.« (S. 221) Benecke berichtet von zeitgenössischen Beschreibungen, die unseren heutigen Rassestandards nicht unähnlich sind, und: »Die Differenzierung innerhalb der römischen Haushunde hatte zumindest teilweise die Stufe einer Rassezucht erreicht.« (S. 222). In dem Gedicht »Hunde auf dem Bauernhof« berichtet Vergil, wie sehr die Wacharbeit der Hunde geschätzt wurde: »Über dem allen vergesse mir nicht die Pflege der Rüden (...). Wenn die deine Ställe bewachen, fürchtest du weder den Wolf noch nächtlich schweifende Diebe, noch den verwegenen

Die Bewachung von Hab und Gut – seit jeher Aufgabe von bäuerlichen Hofhunden. Foto: RZV

Überfall iberischer Räuber.« (Zitat nach Brackert/van Kleffens 1989, S. 41).
Die Germanen hielten überwiegend mittelgroße bis große Hunde, deren Widerristhöhen zwischen 45 und 67 cm lagen (siehe Benecke S. 222). Der Autor vermutet, es handele sich hierbei um Exemplare, die über Handelswege aus der römischen Provinz nach Germanien kamen. Interessanterweise wurden vollständige Hundeskelette in kaiserzeitlichen Siedlungen Mitteleuropas gefunden, die sorgfältig unter der Türschwelle, in Pfostengruben oder neben der Herdstelle bestattet worden waren: »Offenbar haben diese Hundebestattungen kultischen Charakter. Man nimmt an, daß sie Bauopfer darstellen, wozu der Hund in seiner Funktion als Hauswächter natürlich besonders geeignet war« (ebd., S. 224).

Die Bauernhunde des Mittelalters

Im Mittelalter, auf das bei der Darstellung des Hovawarts immer gerne verwiesen wird, hatte sich die Variationsbreite der Hundeformen noch vergrößert – sie reichte von 26 cm bis zu 72 cm Widerristhöhe (siehe Benecke 1994, S. 224). Knochenfunde belegen, daß es nach wie vor in ländlichen Siedlungen überwiegend große Hunde waren, die für unterschiedliche Aufgaben gehalten wurden. Noch einmal Benecke: »Aus züchtungsbiologischer Sicht dürfte es sich bei den mittelalterlichen Hundebeständen zum überwiegenden Teil um Landrassen mit breiter Variabilität gehandelt haben, aus denen Tiere nach dem Prinzip der Gebrauchsauslese für bestimmte Aufgaben ausgewählt wurden, ohne daß man sie züchterisch abgrenzte« (S. 226). Das »Talent« eines Hundes entschied über sein Einsatzgebiet. Knochenfunde (9. bis 11. Jh. nach Chr., Fundort Haithabu, Kreis Schleswig-Holstein) des Institus für Haustierkunde in Kiel belegen, daß es vor allem zwei Gebäudeformen gab, die sich hier unterscheiden lassen: die schlankwüchsigen und die eher gedrungen proportionierten Hunde (ebd.). Es bleibt zu vermuten, daß der damalige Hofhundtyp eher letzteren zuzuordnen war.
Nur wenige diffenzierende Begriffe aus dem frühen Niederdeutschen geben Aufschluß über »Rassen« im weitesten Sinne des Wortes: »Es werden wohl die kleinen Kläffer, die ›koter, koterhunde‹ von den großen Bauernhunden, den ›rekeln und rodden‹ unterschieden, auch Hüte-, Hof- und Kettenhunde sind vertreten durch ›Sceperode‹, ›Hofwarden‹ und ›Ketelhund‹.« (Zit. nach Kaiser 1994, S. 12).

Erwähnung in altem Quellenmaterial

Bengeforth und Radam verweisen auf den Schwabenspiegel, ein mittelalterliches Rechtsbuch, in dem der »hovewart« erwähnt und in seiner Funktion beschrieben wird. Der Schwabenspiegel wurde 1274/75 von einem unbekannten Geistlichen in Augsburg verfaßt und lehnte sich an den bekannteren Sachsenspiegel an. Er hatte große juristische Bedeutung und war überregional verbreitet. Im Falle des »hovewart«-Diebstahls habe der Verbrecher gleichwertigen Ersatz zu leisten und drei Schillinge Entschädigung zu tragen, ist dort zu lesen (siehe 1983, S. 13). Zum Vergleich: Im Jahre 1258 kostete ein Brot in Köln 4 Pfennig (Kühnel 1985, S. 27). Für den Diebstahl oder die Tötung eines »leithunt« oder spürhunt« mußten außer des Ersatzes jedoch sechs Schillinge, also das Doppelte, gezahlt werden (ebd.)! Diese Differenzierung weist schon darauf hin, daß den Hofwächtern im Mittelalter nicht nur Bewunderung gezollt wurde. Baron Gaston de Foix alias Gaston Phoebus unterscheidet 1387 in seinem »Livre de la Chasse« sechs verschiedene Hun-

degruppen. Aber: »Die Mastins, die Hofhunde, die niedrigste Gruppe, werden nur der Vollständigkeit halber aufgezählt.« (Brackert/ van Kleffens, S. 72). Kein Wunder: Gaston de Foix war ein adliger Jäger, und der Hochadel sah verächtlich auf die unfreie Landbevölkerung und ihre Hunde herunter.
Einen weiteren Hinweis, daß durch die Beurteilung der »Hofhundleistung« eine soziale Abgrenzung ausgedrückt wurde, gibt ein mittelalterlicher, vermutlich blaublütiger Spruchdichter, den Bengeforth und Radam übetragen ins Neuhochdeutsche so zitieren: »Ich würde da nicht gerne ein Windhund sein, wo die stumpfen Hovawarte für wertvoller erachtet werden als die Windhunde« (ebd. , S. 14).
Erst im 19. Jahrhundert bekam das Rassehundwesen – beeinflußt durch die Anfänge der Kynologie in England – hierzulande so etwas wie ein Profil. Blasius führt aus, daß L. J. Fitzinger in seinem Buch »Der Hund und seine Racen« (1876) den »Deutschen Hirtenhund« als Hofewart, Hofwart oder Hofward beschreibt. L. Beckmann unterscheide in »Die Rassen des Hundes« 1894 zwei Arten von Bauernhunden: »den Mistbeller und den Hovawart« (Blasius 1994, S. 14 u. 15). Kaiser wertete die Annoncen der »Oldenburgischen Anzeigen«, einem amtlichen Mitteilungsblatt, zwischen 1814 und 1871 aus und erstellte eine Übersicht aller dort angebotenen Hunderassen. Während die meisten Angebote auf »Hund«, »Haushund«, »Hühnerhund« und »Wachtelhund« entfielen, findet sich keine Spur eines Hovawartes. Möglicherweise waren Wachhunde unter den wenigen »Kettenhund«-Angeboten subsummiert (Kaiser 1994, S. 13). Fazit: der Hovawart als abgegrenzte Rasse im heutigen Sinne existierte im 19. Jahrhundert nicht!

Das harte Leben der Hofwächter

Stellen wir uns heute im Zusammenhang mit der Entstehungsgeschichte des Hovawarts den klassischen Bauernhund vor, vergessen wir allzu leicht, daß dieser sehr differenzierte Aufgaben haben konnte und sein Leben hart war.
Gefüttert wurden die Hofhunde nicht mit Fleisch, sondern vorwiegend mit Cerealien wie Hafer, Roggen oder Weizen in Form von kleiereichem

Hovawarte sind sehr ursprüngliche, aber auch sensible Hunde, deren Persönlichkeit man respektieren sollte. Foto: Kerl

Die Halsbänder der Kettenhunde waren keinesfalls aus feinem Leder, wie sie den Jagdhunden bei Hofe zugestanden wurden, sondern aus breitem Schmiedeeisen, das viele Hundegenerationen überdauerte (Kaiser, S. 134ff).
Foto: Kaiser/Bildarchiv Museumsdorf Cloppenburg

Brot oder Schrotbrei. Selbst dies wird häufig noch zu kostspielig gewesen sein, so daß viele Bauernhunde mit Abfällen vorlieb nehmen mußten (siehe Kaiser, S. 43 ff).

Damit die hungrigen Hofwächter nicht in den Revieren der Jagdherren wilderten, wurde den Bauern das sogenannte Knüppeln der Hunde bereits im 16. Jahrhundert von der Obrigkeit verordnet: Sie mußten schwere Holzprügel, genannt »Büngel«, am Halsband befestigen, die den Tieren das schnelle Laufen unmöglich machten. Zuwiderhandlungen wurden mit hohen Strafen belegt – die Pflicht betraf übrigens alle Hunde, gleichgültig, welche Aufgaben sie auf dem Hof hatten: »Solch rigorosen Maßnahmen entsprach auch die ›Alternative‹, die einige Herren ihren Untertanen anboten: Statt des Knüppels gewährten sie das Recht, durch Abschlagen oder Brechen einer Pfote den Hund zu lähmen, da ein dreibeiniger Hund für das hohe Wild keine Gefahr bedeutete.« (S. 47f). Forderungen nach solchen Praktiken finden sich bis ins 18. Jahrhundert hinein.

Die vom modernen Hovawart geforderten Attribute wie Haustreue, wenig Neigung zum Streunen und ein schwach ausgeprägter Jagdtrieb erscheinen angesichts der harten, grausamen Selektion seiner möglichen Bauernhund-Vorfahren in einem besonderen Licht!

Damalige Hofhunde hatten nicht nur zu wachen, sie mußten Milch- oder Lastenkarren ziehen oder in hölzernen Tretmühlen Butter machen (Kaiser, S. 123). Viele Bauern waren auf das Leistungsvermögen, die Genügsamkeit und auf die körperliche Härte ihrer Hunde (etwa beim Viehtreiben) angewiesen. Kaiser führt aus, daß wir uns das entbehrungsreiche Leben der Bauernhunde trotz allem vielerorts mit Familienanschluß vorstellen müssen: »Da war selbst die Stube, deren Wohnqualität dem Gesinde oftmals verschlossen blieb, dem Haushund zugänglich. Scherenschnitte, mit denen ein reisender Künstler in den Jahren um 1820 im Artland Familienszenen auf Bauernhöfen festgehalten hat, und die als Auftragsarbeit den Wünschen und Sichtweisen der Dargestellten entgegen kamen, zeigen, daß der Hund Familienanschluß hatte und anders als das Gesinde, das auf den Bildern nicht vorkommt, portraitwürdig war« (S. 134f). Auch hier kommen Wesenszüge zum Tragen, die vom heutigen Hovawart gewünscht werden: zuverlässige Wachsamkeit vereint mit allen Eigenschaften eines guten Familienhun-

Damit die Bauernhunde nicht wildern gingen, wurden sogenannte »Büngel« aus Holz an ihren Halsbändern befestigt. Foto: Kaiser/Bildarchiv Museumsdorf Cloppenburg

des. Und doch ist der Hovawart, was Räber (1994) über ihn sagt: Eine junge Rasse mit altem Namen.

Spurensuche in der Bildenden Kunst

»Solche (hovawartähnlichen, Anm. d. Verf.) Hunde gab und gibt es auch heute noch in ganz Mittel-, Süd- und Osteuropa auf den Bauernhöfen«, lesen wir bei Räber (ebd., S. 182). »Es besteht deshalb auch nicht der kleinste Grund dazu, wenn stolze Hovawartbesitzer beteuern, ihr Hund sei ein direkter Abkömmling der altgermanischen Hofhunde; er ist nicht mehr und nicht weniger als alle im mitteleuropäischen Raume entstandenen Rassen, die aus alten, mittel-

großen Bauernhundschlägen hervorgegangen sind, und dazu gehören eine ganze Reihe.« Wie gesagt, war der Hovawart als »Rasse« im 19. Jahrhundert nicht existent – während etwa Pudel, Neufundländer oder Mops längst unter ihrer heutigen Bezeichnung gezüchtet wurden. Was den modernen Hovawart betraf, schuf ihn jemand in den 20er Jahren dieses Jahrhunderts mit Hilfe alten Zuchtpotentials neu: Kurt F. König. Als Vorbild der ersten Zuchtversuche wird in der Literatur immer wieder Dürers Stich »Ritter, Tod und Teufel« aus dem Jahre 1513 erwähnt, auf dem neben einem Ritter zu Pferde ein langhaariger, mittelgroßer Hund mit Hängeohren dargestellt ist (Obermark,1983, S. 9). Vergegenwärtigen wir uns die Geringschätzung des Adels den Bauernhunden gegenüber, steht diese Interpretation dazu in direktem Widerspruch. Der Adel war stolz auf seine *Jagd*hunde, und auch der Dürersche Hund erinnert stark an einen Deutsch Langhaar. Graf, der 12 Jahre lang mit König zusammenarbeitete, ist der Ansicht: »Behauptungen, der Hovawart sei nach vermutlichen Bildnissen ›geschaffen‹, gehören in die Rumpelkammer der Kynologie!« (Graf 3/1994).

Es gibt viele historische Darstellungen, die belegen, daß es hovawart*ähnliche* Hunde seit Jahrhunderten gibt. Aus dem bereits erwähnten »Livre de la Chasse« von Gaston Phoebus, 1387, stammt ein Gemälde mit dem Titel »Hundepflege«. Darauf zu sehen: Eine Person, die liebevoll einen großen, »blonden« Hund am Kopf faßt. Im Gegensatz zu allen anderen Vierbeinern auf dem Bild ist dieser eindeutig langhaarig (Bibliothèque Nationale, Paris, in: Brackert/van Kleffens 1989, S. 73).

Dürers Stich »Ritter, Tod und Teufel«: War der am Pferd laufende Hund ein früher Hovawart? Wohl kaum! Abb.: Graf

Eine verblüffende Ähnlichkeit eines porträtierten Hundes mit unserem heutigen Hovawart fand ich auf dem Gemälde »Die englischen Königskinder« von Anton van Dyke aus dem Jahre 1635. Der rotblonde Hund mit heller »Wechselnase« könnte heutzutage durchaus mit einem »Gut« bewertet werden, ist jedoch etwas zu klein, legt man den Rassestandard an (Weber-Kellermann 1979, S. 32). Adolf Oberländer, 1845 in Regensburg geboren, zeichnete im letzten Jahrhundert eine humoristische Bilderfolge, in der ein Hund mit dem exakten Aussehen eines blonden Hovawarts den Regenschirm für seinen Besitzer trägt, diesen aber nicht mehr losläßt, als es anfängt zu regnen (siehe Klever, S. 80ff). Ein pflichtbewußter Hund, der seine Aufgabe sehr ernst nimmt – ein durchaus hovawarttypisches Verhalten! Diese Aufzählung ließe sich beliebig fortsetzen.

Kurt F. König – umstrittener »Vater« der Rasse

Erste Zuchtbestrebungen Kurt F. Königs gehen auf das Jahr 1910 zurück. Königs Vater Bertram hatte jedoch zwei Jahre zuvor schon erste Zuchtversuche mit Hunden gemacht, die seiner Meinung nach dem Hovawarttyp entsprachen (Graf spricht gar von ersten Hovawarten um 1900). Die langhaarigen, derben Bauernhunde, die König als »Typhunde« bezeichnete, fand er im Mittelgebirge: »Die Wiedergewinnung der alten Hovawarte war möglich, weil noch altes Erbe in unverbildeten Stämmen in einsamen Dörfern des Harzes, im Schwarzwald und anderen Lagen vorhanden war« (König zit. nach Graf 1978, S. 106). König experimentierte mit Inzestverpaarungen von Hausmäusen, an denen er

u. a. eine »ererbte Zahmheit« beobachtete und die Erkenntnisse auf die Hundezucht übertrug. Den Hovawart sah er als eine alte Domestikationsstufe wölfischer Hunde an. König: »Man kann ältere Haustierformen oft aus jüngeren Rassen wiedergewinnen (...). Wo wir rückwärts tendierende Entartungen provozieren können

König, hier im Bild mit einem Hund aus seiner Zucht, beschrieb das Erscheinungsbild des Hovawartes so: »Die Figur des Hovawartes erinnert an den nordischen Wolf, hier mit Hängeohren, und in Erregung hochgetragener Rute« (HZD-Zuchtbuch 1992/93, S. 23). Einen Standard lehnte er ab. Foto: Lessmann

und dazu die passende Selektion zu handhaben gelernt haben, ist auch eine Rekonstruktion möglich. So fand ich die ersten meiner Hovawarte überraschenderweise als Übereinstimmung der Nachkommen verschiedener alter Hunde-Rassen, die ich damals wie wohl jeder ›Kynologe‹ für völlig verschiedene Wesen ansah.« (König 1972, S. 39).

Ferner ging er davon aus, daß nur Tiere mit der gleichen Wildhund-Abstammung Rassen bilden könnten. »Aufgrund dieser für König feststehenden Tatsache unterscheidet er nun stammesgleiche und stammesfremde Hunderassen (...); die dritte Gruppe bezeichnet er als Großwolfsgeschlecht, also als Abkömmlinge großer, nordischer Wölfe. Diese wolfstämmigen Hunde nun nennt er Alt-Hovawarte (...)« (Räber ebd.). Noch heute existiert ein Verein, der sich Königs Gedankengut im Wortlaut verpflichtet fühlt. So spricht die Forschungs- und Kontrollzucht der Hovawart-Stammzucht e.V. über Junghunde als »Wölflinge« und über erwachsene Hovawarte als »Wölfe« (Graf 1995/2).

Ob Königs Hypothese aufging, mit dem Hovawart eine alte Domestikationsstufe der wölfischen Hunde zu rekonstruieren, ist in der Literatur höchst umstritten. Ihm wird nachgesagt, er habe später jegliche züchterische Linie vermissen lassen und sei quasi unter Ausschluß der Öffentlichkeit tätig gewesen (Langheim 1989, S. 163). Doch gehört dieser theoretische Hintergrund unmittelbar zur Entstehungsgeschichte unseres heutigen Hovawarts.

Typähnliche Hunde und Einkreuzungen

Die ersten Zuchtversuche wurden durch den Beginn des Ersten Weltkrieges unterbrochen. Fakt ist, daß König mit der systematischen Zucht um 1922 in der »Zootechnischen Station« (Thale/Harz) begonnen hatte und bereits

Ein Hund Bertram Königs aus den Anfängen der Hovawartzucht. Das Foto stammt aus dem Jahre 1908. Foto: HST

ein Zuchtbuch führte. In diesem Jahr war auch der »Hovawart-Verein für Deutsche Schutzhunde e.V., Sitz Thale« gegründet worden. Die erste Wurfeintragung in das Zuchtbuch findet sich am 3. April 1922, wobei eine Typhund-Kuvasz-Kreuzung vorgenommen worden war (Wienrich 1992, S. 32). Inoffizielle Aufzeichnungen erfolgten aber schon ab 1920. So wurde etwa mit dem Wurfdatum 17.8.1920 ein schwarzer Rüde namens »Lord« vermerkt. Man geht aber davon aus, daß es sich bei solchen Eintragungen eher um hovawart*ähnliche* Hunde der ersten Stunde gehandelt hat (K. aus dem Siepen in: Hansen 1988, S. 53).

Kurt F. König, geboren am 1.2.1896, wäre im Erscheinungsjahr dieses Buches 100 Jahre alt geworden. Foto: Graf

Manche Chronisten vertreten die Ansicht, von Stephanitz habe die Idee für die Benennung der neuen Hunderasse geliefert: »So wird auch der Hovawart, ein Sammelbegriff für Hof- und Bauernhunde des Mittelalters, wieder entdeckt. Unterstützt wird diese Entdeckung durch den Rittmeister Max v. Stephanitz, den eigentlichen Schöpfer und Mitbegründer des Vereins für Deutsche Schäferhunde (1899). In den ersten Ausgaben hat er – im Gegensatz zu späteren Ausgaben (...) – den Hovawart als Vorläufer und maßgeblichen Vorfahr des Deutschen Schäferhundes bezeichnet« (Langheim 1989, S. 157).

Tatsächlich ähnelten die hängeohrigen (!) Altdeutschen und Zotthaarigen Schäferhunde dem späteren Hovawart weit mehr als ihren »Enkeln«, den stockhaarigen Deutschen Schäferhunden. König dagegen ging davon aus, daß ein Hund mit Behängen nicht Vorfahr stehohriger Schäferhunde sein könne (König 1972, S. 39).

Anfangs verpaarten die frühen Hovawartzüchter vor allem sogenannte Typhunde mit Kuvasz, Leonberger und Deutschen Schäferhunden. Der erste eingetragene Wurf Königs fiel am 3.4.1922; die Mutterhündin »Ortrud Husdan«

Bei der Entstehung von Haustierrassen ging Kurt F. König von der »Ausartung«, der Abweichung vom Ursprungstyp, aus. Für ihn wies die Farbe Schwarzmarken auf eine Rekapitulation früherer genetischer Gegebenheiten hin (Räber 1993, S. 184). Das Foto zeigt die 10 Monate alte Hündin »Christel vom Solequell«, geb. 1954. Abb.: DER HUND 8/1955

Räber vermutet, es sei König zuerst um die Erhaltung des Langzotthaarigen oder früheren Altdeutschen Schäferhundes (Schafpudel, siehe Abb.) gegangen. Interessanterweise wies Rittmeister von Stephanitz in seinem Standardwerk »Der Deutsche Schäferhund« auf den Hovawart hin. Abb.: Archiv Schweikl-Ecklmayr

war eine Ungarische Hirtenhündin (Kuvasz). Von den vier Welpen Hunolf, Helma, Hummel und Herma waren die Hündinnen hellblond, der Rüde grau (vgl. Blasius 1994, S. 18). Vater Baron war ein »Typhund«. Es folgte eine Leonberger-Einkreuzung des Züchters Fangmann. Der dritte Wurf: eine Verpaarung von Leonberger und Schweizer Sennenhund (ein Berner? Es gibt vier Schweizer Sennenhund-Rassen!), gefolgt von einer Kreuzung Deutscher Schäferhund und »Hovawarttyp«. »Dann wurden Einzeltiere eingetragen, die dem Typ entsprachen, aber der Hund, mit dem man erstmals durchzuzüchten versuchte, war ›Moor Barniske‹, ein Neufundländer der damaligen kleinen Form« (Langheim 1989, S. 162). König ging in drei »Rekonstruktionsserien« vor: bis 1914, ab 1918 und ab 1952 (Blasius 1994, S. 17) und trat besonders ab 1934 selbst verstärkt als Züchter auf (Bengeforth/Radam 1983, S. 22f).

Tessa – afrikanischer Wild- oder Windhund?

1940 kreuzte König noch eine »afrikanische Wildhündin« ein, die man aus dem damals besetzten Frankreich requirierte (Langheim 1989,

Hovawartdarstellung aus dem Jahr 1959 in den drei heute zugelassenen Farben. Abb.: Archiv Schweikl-Ecklmayr

S. 163). Ihr Name war »Tessa«, worin sich die Informationen bereits erschöpfen; Aufzeichnungen oder Fotos existieren von diesem geheimnisvollen Vierbeiner nicht. Blasius vermutet, es handele sich um einen Abschreibfehler, da ältere Texte von einem »Afrikanischen *Wind*hund« sprächen (Blasius 1994, S.18). Die *Wild*hund-Variante ist tatsächlich unwahrscheinlich, denn beim Afrikanischen Wildhund (Lycaon pictus) handelt es sich um eine hyänenartige Canivorenform des nördlichen und nordwestlichen Afrikas mit runden Stehohren (nicht um einen Schakal oder Paria, wie Räber vermutet. Vergl. 1993, S. 189).

Widmen wir uns der wahrscheinlicheren Version: Als reinrassige Windhunde afrikanischen Ursprungs kommen nur zwei Rassen in Frage (die weiteren 11 sind anderen Ursprungs; siehe Kober/Peper 1995, S. 216; Beckmann/Beckmann 1994 S. 186ff): der arabische Sloughi oder der Azawakh der Tuareg, dessen Ursprungsland von der FCI mit Mali/Frankreich angegeben wird. Beide sind groß, hängeohrig und unbefedert, aber letzterer scheint aufgrund der Requirierung von »Tessa« in Frankreich trotzdem wahrscheinlicher, denn das heutige Mali wurde 1904 als Soudan zur französischen Kolonie (Französisch-Westafrika).

»Tessa« wurde in der Hamburger-/Schleswig-Holsteiner-Hovawartzucht eingesetzt und beeinflußte diese, wobei die Nachkommen teilweise im Typ zu hochläufig, zu schmal und im Wesen zu ängstlich waren (Langheim 1991, S. 246). Man könnte darin eine Bestätigung der Azawakh-These sehen. Interessanterweise war ein herausragender Leistungshund der 70er Jahre, »Anka vom Foßredder«, eine Nachfahrin Tessas (ebd.).

Nach dieser Wind- oder Wildhundeinkreuzung galt der Genpool als geschlossen, es wurden keine offiziellen Verpaarungen mit Hunden anderer Rassen mehr durchgeführt – bis auf eine registrierte Ausnahme: »Der Hovawart-Verein Weser-Ems nahm am 29.12. 1969 im Zwinger v. Gila noch eine Neufundländer-Einkreuzung vor« (RZV-Zuchtbuch 1989, S. 164). Wildhund- oder Windhund? Kurt F. König kann man leider nicht mehr nach den tatsächlichen Gegebenheiten fragen: Er verstarb am 26.1.1975 und nahm das Geheimnis mit ins Grab.

War »Tessa« wirklich ein Afrikanischer Wildhund, der durch seine gelbe, graue, schwarze und weiße Tüpfelung auffällt? (Vgl. Wild Dogs and there Relatives, 1991, S. 21; Beckmann/Beckmann 1994, S. 74f). Und wie hätte ein solches Wildtier in Frankreich beschlagnahmt und der deutschen Hundezucht zugeführt werden können? Foto: Herbertz

Die Mitstreiter waren »Schäferhundler«

Fest steht, daß König mit seiner Idee eines »urdeutschen« Hundes mit germanischen Vorfahren in dieser politisch dunkler werdenden Zeit mit breiter Zustimmung rechnen konnte. »Größe war jetzt beim Hund gefragt und Schärfe, Aggressivität, Mut und Kampfeskraft ebenso wie Treue, Unterordnung und Gelehrigkeit. Und vor allem deutsch sollte er sein«, schreibt Zimen kritisch hinsichtlich der Neuzüchtung des Hovawartes in jener Zeit (Zimen 1988, S. 135). Da viele der anfänglichen Hovawartzüchter aus der Schäferhundzucht kamen, werden sie vom großen Förderer dieser Rasse, von Stephanitz, nicht unbeeinflußt gewesen sein. Dieser schrieb bereits 1903 im Standardwerk »Der Deutsche Schäferhund in Wort und Bild«: »Auch Hundezucht steht in Beziehung zum Vaterlande, soll diesem dienen; vaterländische Empfindungen zu fördern, sollte sich aber heute erst recht jeder

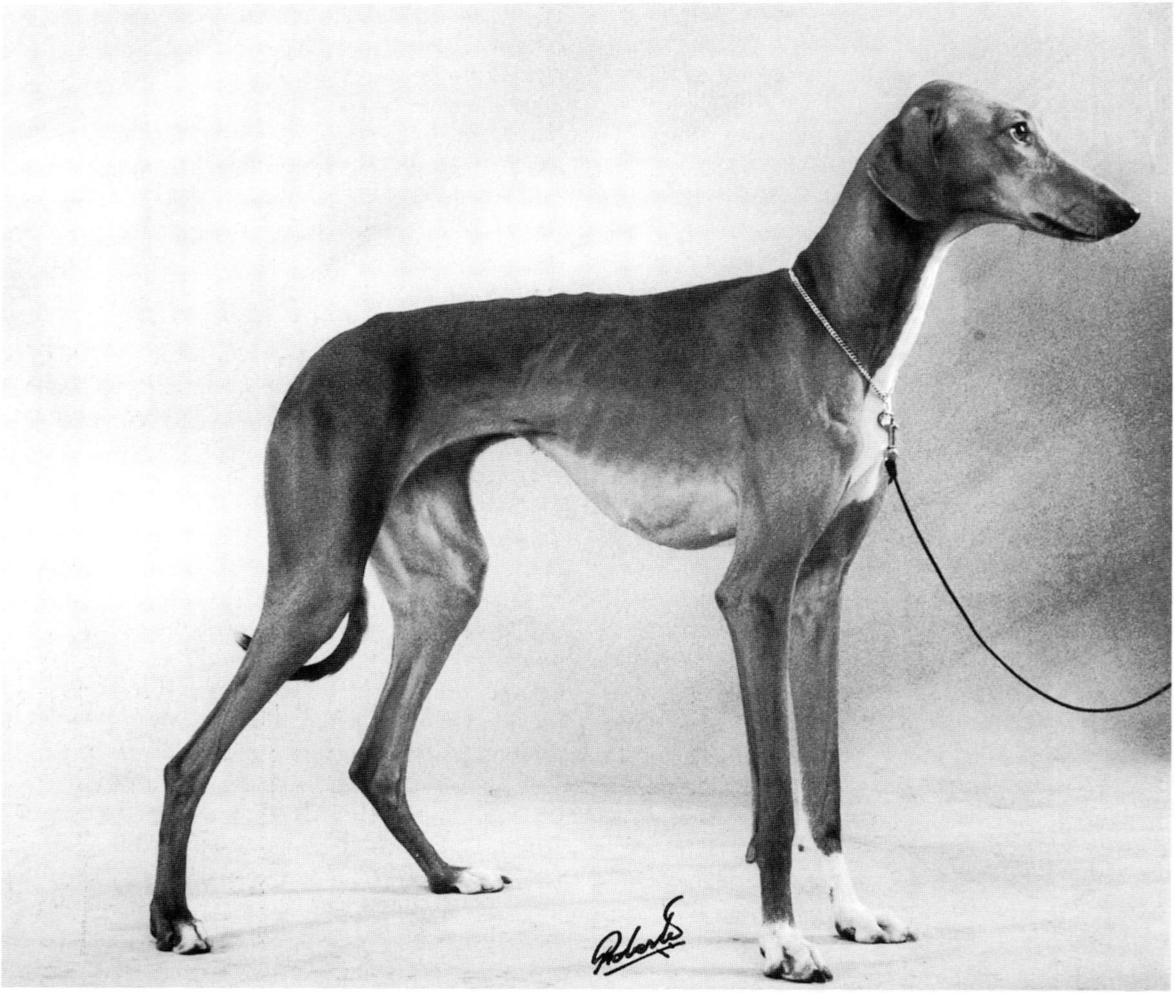

Deutsche berufen fühlen« (zit. nach Zimen ebd., S. 138). Der Hovawart und seine idealisierte Geschichte trafen den Zeitgeist. Unter diesem Gesichtspunkt nicht verwunderlich: »Den Nazis paßte sein (gemeint ist der Hovawart, Anm. d. Verf.) arisches Image gut ins Konzept, und sie förderten ihn in der ›Reichsfachschaft Hovawart und bodenständige Hütehunde‹. Zeitweilig hatte die SS sogar eine eigene Hovawartzucht« (Gebhardt/Haucke 1988, S. 134).

König war zwar zwischen 1934 und 1945 Zuchtleiter, doch er hatte Hundefreunde an seiner

Nicht belegt, aber denkbar, daß im 2. Weltkrieg ein Kolonial-Azawakh nach Frankreich kam oder durch Import der Elterntiere dort das Licht der Welt erblickte, requiriert wurde und durch Königs Einkreuzung Einfluß auf die deutsche Hovawartzucht nahm... Foto: Roberto

Seite, die die frühe Hovawartzucht als Gründungsmitglieder und aktive Züchter ebenfalls prägten. Die ehemaligen Züchter langhaariger Schäferhunde sollen mit dem Beschluß des Schäferhund-Vereins nicht einverstanden gewesen sein, nur noch den stockhaarigen Typ zu züchten und suchten nach neuen Betätigungsfeldern (Hansen 1988, S. 6; Langheim 1989, S. 157).

Ihre Namen tauchen in alten Ahnentafeln immer wieder auf, vermutlich trug König aber auch Würfe von Hunden unter seinem Namen ein, die nicht in seinem Zwinger standen (ebd. S. 158). Oft wurden auch Würfe unter der Bezeichnung »Zootechnische Station« und wechselnden Züchternamen vermerkt (Bengeforth/Radam 1983, S. 23). Männer der ersten Stunde(n) in Sachen Hovawart waren Busch, Becker, Gräb, Veckenstedt, Geiser, Krüger und Barniske. Vor allem Alwin Busch brachte viele Deutsche Schäferhunde in die Hovawart-Zucht ein: »Dieser Anteil hat sich nach 1980 bei 20 % Anteil an der genetischen Struktur unserer Rasse eingependelt«, schreibt Langheim (1989, S. 162). Ein Hovawart aus jener Zeit ist besonders hervorzuheben: Der schwarzmarkene Deckrüde »Castor Meyer Busch« (geworfen 1932) beeinflußte die Zucht nachhaltig und prägte das Bild der Rasse. Der Wurf fußte auf einer Grundlage von 45% Typhunden, 12% Neufundländer, 15% Kuvasz und 28 % Schäferhunden (ebd. S. 162). Castor war Vater von 32 Würfen, »wobei viele Würfe wieder Inzuchtwürfe mit eigenen Nachkommen waren. Keine Ahnentafel kommt mehr an ihm vorbei!« (Blasius 1994, S. 117). Damals war es übrigens nicht üblich, Zwingernamen zu führen, man hängte dem Rufnamen des Hundes einfach den Nachnamen des Züchters an.

Streitpunkt Schutzhundausbildung

Zwischen den frühen Züchtern gab es bald Differenzen darüber, ob der Hovawart nun zur Schutzhundausbildung herangezogen werden sollte oder nicht. »Kurt F. König verstieg sich in seinen ›romantischen Vorstellungen‹ über den Hovawart in die Feststellung, daß ein Hovawart ein Gebrauchshund ›sui generis‹ sei; d.h. ein Hovawart sollte ohne jegliche Ausbildung alle Arbeit aus innerem Antrieb machen« (Langheim 1989, S. 164). König: »Wenn der auf der Erde liegende, scheinbar schlafende Meister beschlichen wird, ist ein wachsamer Hund doppelt besorgt, wenn sich ein Fremder nähert. Geht der Fremde dann zum Scheinangriff über, so verteidigt ein guter Schutzhund je nach Alter und Erfahrung. Dazu bedarf es keines Kommandos, noch der Abrichtung« (zitiert nach HZD-Zuchtbuch 1992/93, S. 25). König vertrat die Auffassung, daß Leistungskennzeichen (also Abrichtung) den Hovawart im *Wesen* nicht verbessern könnten (siehe Graf o.J.). Auf seinen Körungen wurden u. a. der Schutz- und der Suchtrieb sowie die Wildpassion geprüft (Graf o. J.). Bengeforth/Radam bedauern: »Es ist schade, daß die Züchter, die vom Gebrauchshundgedanken ausgingen, dazu gehörte auch Alwin Busch, sich gegen König nicht durchgesetzt haben. Wir hätten dann heute wahrscheinlich einen härteren und führigeren Gebrauchshund Hovawart« (1983, S. 23).

Zwar führen heute alle anerkannten Hovawartvereine Anlagenprüfungen oder Wesenstests bei den Körungen bzw. Zuchttauglichkeitsprüfungen durch, doch vertreten sie unterschiedliche Meinungen darüber, was und wie geprüft werden muß. Auch nach über 70 Jahren Hovawartzucht teilt die Frage nach der Schutzhundeausbildung die Hovawartfreunde noch immer in zwei Lager.

Hündin »Cenzi Veckenstedt«, ein bekannter Hovawart aus den 30er Jahren. Abb.: DER HUND 7/1933.

Werdegang der deutschen Hovawart-Vereine

Der Hovawart wurde 1937 auf der »Grünen Woche des Reichsnährstandes« in Berlin vom »Reichsverband für das Hundewesen« (dem Vorläufer des VDH) offiziell als Rasse anerkannt. Hatte es 1938 noch etwa zwei Dutzend Würfe gegeben (Hansen 1988, S. 6), verringerte sich durch den Zweiten Weltkrieg der Bestand an Zuchttieren jedoch enorm. Erst in den Jahren 1947/48 finden sich wieder Einträge im Zuchtbuch (K. aus dem Siepen in: Hansen 1988, S. 53).

Als der Verband für das Deutsche Hundewesen König, der inzwischen dem offiziellen Zuchtgeschehen den Rücken gekehrt hatte, 1948 eine Einladung zur Gründungsversammlung schickte, gab dieser sie vermutlich (hier gibt es unterschiedliche Autorenmeinungen) an Otto Schramm, den damaligen Vorsitzenden des Coburger Rassezuchtvereins für Hovawart-Hunde e.V.« (RZV, gegründet 1948) weiter. Dies führte dazu, daß der RZV die Rasse Hovawart als alleiniger Verein zuchtbuchführend im VDH vertrat, denn die damaligen VDH-Statuten sahen vor, daß nur ein Club je Rasse aufzunehmen war (siehe Wienrich 1992 S. 38, Blasius S. 20f). Es kam unter den verbliebenen Hovawart-Vereinen zu diversen Aufsplitterungen und Neugründungen; Zusammenschlußversuche in den 60er Jahren scheiterten an unüberwindbaren Meinungsverschiedenheiten.

Ab 1991 mußte der VDH nach dem Urteil des Bundeskartellamtes unter bestimmten Voraussetzungen mehr als einen rassebetreuenden Verein zulassen, was wiederum zu Absplitterungen und Neugründungen führte (siehe Blasius ebd., S. 22f). Zwei weitere Vereine durften nun die begehrten VDH-Ahnentafeln ausstellen und ein VDH-Zuchtbuch führen: Der Hovawart-Club Goslar e.V. (seit Januar 1996 ordentliches Mit-

Rüde »Aldo vom Birkeneck«, geb. 1955, beim Schutzdienst. Abb.: DER HUND, 12/1957

glied im VDH) und die Hovawart-Zuchtgemeinschaft Deutschland e.V. (ursprünglich ein Zusammenschluß mehrerer Hovawart-Vereine, bei Drucklegung vorläufiges Mitglied im VDH). Beide lehnen die Schutzhundausbildung zwar nicht völlig ab, halten aber Elemente daraus im Rahmen der Körung für entbehrlich, da sich das trainierte Verhalten nicht als solches vererbe und der nervenstarke Hovawart seine Familie auch ohne Ausbildung situationsgerecht beschützen könne.

Als Befürworter und Förderer der Schutzhundausbildung gilt bis heute Deutschlands mitgliederstärkster Verein, der RZV, der nach jahrelangem Kampf vor allem gegen die Vorbehalte des Schäferhund-Vereins erreicht hatte, daß 1964 der Hovawart durch den Kongreß der FCI in Stockholm schließlich als 7. Gebrauchshundrasse anerkannt wurde. Sein Motto: Hovawartzucht auf Schönheit und Leistung (bei gleichzeitiger Eignung als Familienhund). »Verantwortungsvoll betriebener Hundesport trägt zweifellos zur Verbesserung der Beziehung zwischen Mensch und Hund bei und fördert das gegenseitige Vertrauen und Verständnis. (...) Ein so erzogener Hund ist ein zuverlässiger Begleiter des Menschen, an dem sich jedermann erfreuen kann, weil er auch in schwierigen Situationen in der Hand des Hundeführers steht«, so die Hal-

Es kam nach dem Krieg zur Gründung regionaler Hovawart-Vereine in Coburg, Hamburg, Oldenburg und Berlin/DDR, wobei Langheim darauf hinweist, daß es durch eine unterschiedliche Einkreuzungspraxis in den Anfangsjahren der Zucht eine Vielzahl verschiedener Hovawarttypen gab (1991, S. 241ff). »Carra Brand«, geb. 1947. Abb.: DER HUND 2/1953.

tung des RZV (Ottmann 1995). Die RZV-Landesgruppen bieten auf vielen Hundeplätzen unter anderem Schutzdienstarbeit an; jährlich wird als Höhepunkt des Hundesportjahres eine Bundesleistungssiegerprüfung durchgeführt usw.

Hovawartzucht in der ehemaligen DDR

Die Hovawartzucht in der ehemaligen DDR wurde ab 1953 in einem eigenen Zuchtbuch erfaßt; nach Hansen wurden zwischen 1953 und 1963 durchschnittlich sieben Würfe pro Jahr eingetragen, zwischen 1964 und 1969 waren es dann jährlich etwa 10 Würfe. Ab 1979 stieg die Anzahl der Würfe pro Jahr bis zum Fall der Mauer auf durchschnittlich 48 (Hansen 1988, S. 22), wobei eine systematisch gelenkte Linienzucht aufgebaut wurde.

Die sich zuspitzende politische Isolation hatte einen nahezu in sich geschlossenen Genpool in der »Spezial-Zuchtgemeinschaft Hovawart-Züchter« (SZG) zur Folge. Gegründet wurde sie am 13. März 1952. Die SZG war dem Verband der Kleingärtner, Siedler und Kleintierzüchter (VKSK) angegliedert, der viele Rassehundvereinigungen der DDR angehörten, darunter auch die des Jagd- und Diensthundewesens. Das Bild zeigt »Aldo vom Birkeneck« (SchH III) und seine Tochter »Asimba von der Rheinhöhe« (DDR-Siegerin 1961, Ungarn-Siegerin 1962), geb. 1955 und 1959. Aus: DER HUND 12/1962.

Einen eigenen Dachverband für Hundezüchter, sozusagen ein ostdeutsches Pendant zum VDH, gab es nicht. In der Gründungszeit der SZG ist vor allem Alwin Busch, früherer Mitstreiter Königs, aus Magdeburg als federführend zu nennen. Hinsichtlich der Schutzhundausbildung war die SZG mit dem RZV einer Meinung. Bereits im Februar 1955 schrieb der Obmann für Hovawarte, R. Schulze, in der damals ostdeutschen Zeitschrift »DER HUND« einen Artikel mit der Überschrift »Wir müssen mit unseren Hovawarten arbeiten«, der regen Zuspruch fand. Die Bemühungen des RZV, dem Hovawart zur Anerkennung als Gebrauchshunderasse zu verhelfen, unterstützten die ostdeutschen Hovawartfreunde mit Nachdruck.

Astrid Bartoszewski berichtet von einem »Deutsch-Deutschen Wunder« das im Jahre 1966 geschah: »Die in Magdeburg lebende Hovawarthündin ›Assy v. Eschenbach‹ (Weltsiegerin 1966 in Brünn) bekam einen Westberliner Hovawart-Gemahl ›Ajax von Rosenberg‹. Zum ersten und leider einzigen Mal deckte ein Westberliner Rüde eine Hündin aus der Ostzone, zwischen Stacheldraht, bewacht von West-Schupos und Ost-Vopos, nach dem Berliner Mauerbau« (in: Hansen 1988, S. 41). Das Resultat dieser hochpolitischen Liason: 11 Welpen, die am 3. Oktober 1966 das Licht der Welt erblickten, und von denen – wie damals üblich – sechs (2/4) eingetragen wurden. Mit Warenbegleitschein, Gesundheitszeugnis und Ahnentafel durfte der schwarzmarkene Welpe »Ferry von Eschenbach« als »Deckentschädigung« zu sei-

nem Vater und dessen Besitzerin am Sektorengrenzübergang Prinzenstraße ausreisen (siehe ebd.). Das DDR-Zuchtbuch vermerkte für »Ajax« nur nüchtern: »Eintrag für Zuchtzwecke in der DDR!« Das erste Zuchtbuch der SZG verrät außerdem, daß im Frühling 1966 der dreijährige Rüde »Malte vom Ahlftener Berg« (Züchter Salomon) als Blindenführhund aus Westdeutschland in die DDR eingeführt wurde, was vermutlich »hüben und drüben« für ähnliches Aufsehen sorgte. Wienrich berichtet, es sei in den 70er Jahren durch Einfuhr zweier »West-Rüden« zu weiteren züchterischen Verbindungen gekommen (1992, S. 37).
1990 entstand aus der SZG der »Rassezuchtverein für Hovawarte in der DDR«, der noch im gleichen Jahr als Landesgruppe Ost dem RZV beitrat (vgl. ebd., S. 38).

Hovawart-Rüde »Alf vom Silberstein«, gew. 1951, SchH I und DDR-Sieger. Abb.: DER HUND 1/1957

Der Hovawart wird international

1959 galt der Hovawart als durchgezüchtete Rasse. Im selben und in den folgenden Jahren wurden Hovawart-Vereine im Ausland gegründet: die Schweiz, Dänemark, Finnland, Frankreich, Norwegen, Österreich, Schweden und die Niederlande »kamen« auf den Hovawart. In Großbritannien wurde 1982 ein eigener Verein aus der Taufe gehoben (ohne FCI-Anschluß); auf der Crufts Dog Show traten 1995 immerhin 18 Hovawarte an (Clark/Brace 1995, S. 259). In den USA existiert der Hovawart-Club of North America. Um eine Auseinanderentwicklung der Zucht zu vermeiden, wurde 1983 im Rheinland die Internationale Hovawart Föderation (IHF) als Dachorganisation der nationalen Hovawartvereine gegründet. Der RZV, mit über 6000 Mitgliedern Deutschlands mitgliedsstärkster Hovawart-Verein, stellt den Präsidenten der IHF. Der Föderation gehören derzeit Hovawart-Clubs aus 10 Ländern an.

Wienrich schätzte 1992 die Zahl der Hovawarte auf der ganzen Welt auf etwa 20 000, davon etwa 10 000 im Ursprungsland Deutschland (Wienrich 1992, S. 11). Etwa 700 Hovawartbesitzer gab es 1995 in der Schweiz (Oppliger 1995). Als ein »Jahrhundert-Ereignis« für Hovawartfreunde aus aller Welt kann sicherlich die Hürzeler-Gedächtnisausstellung anläßlich des 35jährigen Bestehens des Schweizerischen Hovawart-Clubs im Mai 1995 in Zuchwil angesehen werden (Erich Hürzeler war vom Gründungsjahr 1960 bis 1974 Präsident des SHC. Der Ehrenpräsident verstarb 1986). Eine Meldezahl von weit über 400 Hovawarten aus 7 Nationen bewies eindrucksvoll, daß aus Königs Ausgangsidee in Verbindung mit moderner Zucht-

Heutige Hovawarte aus ostdeutschen Linien: »Bianca vom Boddenland«, Holländischer- und HZD-Champion, und ihr Sohn »Ergo vom Godewind«. Foto: Hansen

Europäische Hovawart-Vereine und ihr Gründungsjahr

Niederlande: Hovawart Club Nederland (1959)
Schweiz: Schweizerischer Hovawart-Club (1960)
Österreich: Österreichischer Club der Hovawartfreunde (1971)
Schweden: Svenska Brukshundklubben Hovawart (1974)
Dänemark: Dansk Hovawart Klub (1979)
Finnland: Suomen Hovawart (1980)
Großbritannien: The Hovawart Club of Great Britain (1982)
Norwegen: Norsk Hovawart Klub (1983)
Frankreich: Club français du Hovawart (1988)
Belgien: Belgischer Hovawart Club/ Club Belge du Hovawart (1990)
Ungarn: Ungarischer Hovawart-Club (1995)

(Quellen: Hansen 1988; UR 1/96, DER HUND 4/94, IHF)

Zahl der in VDH-Zuchtbücher (D) eingetragenen Hovawartwelpen

Jahr	1992	1993	1994
Welpen	1131	1237	1397

(Quelle: VDH, UR 9/95)

»Hova Bonde's Edison« – ein typvoller Rüde aus Dänemark. Foto: RZV

planung nach dem 2. Weltkrieg eine Rasse entstanden ist, die weltweit geschätzt wird.

Das kynologische Ideal

Ein Rassestandard ist so etwas wie eine kynologische Meßlatte, deren oberes (= ideales) Ende selten erreicht, aber immer angestrebt wird. Das Ursprungsland zeichnet für den Standard »seiner« Rassen verantwortlich. Der Standard wird der FCI, der **F**édération **C**ynologique **I**nternationale mit Sitz in Belgien, vorgelegt. Stimmt diese zu, gilt die Rasse als »offiziell anerkannt«. Die

»Aron vom Wideneck«, ein vorzüglicher Rüde aus deutscher Zucht, wurde Rassebester (BOB) der Hürzeler-Gedächtnisausstellung 1995 in Zuchwil, Schweiz. Foto: Wecks

FCI ist die internationale Dachorganisation, der in Deutschland der Verband für das Deutsche Hundewesen (VDH) angehört, in der Schweiz die Schweizerische Kynologische Gesellschaft (SKG) und so weiter.
339 Hunderassen haben zur Zeit einen offiziellen FCI-Rassestandard, jede ist einer von 10 offiziellen Rassegruppen zugeordnet. Der Hovawart gehört zur FCI-Gruppe 2, die die Pinscher und Schnauzer, Molosser und Schweizer Sennenhunde umfaßt.

Der FCI-Rassestandard Nr. 190

Ursprungsland: Deutschland
Verwendung: Gebrauchshund
Klassifikation FCI: mit Arbeitsprüfung; FCI-Gruppe 2

1. Allgemeines Erscheinungsbild des Hundes

Der Hovawart ist ein kraftvoller, mittelgroßer, gestreckter, langhaariger Gebrauchshund. Die Geschlechtsunterschiede sind vor allem an Kopfform und Körperbau deutlich erkennbar. Bei Rüden müssen beide voll ausgebildeten Hoden im Hodensack fühlbar sein.

2. Wichtige Maßverhältnisse
Die Rumpflänge beträgt mindestens 110 Prozent der Widerristhöhe.

3. Verhalten und Charakter
Er ist ein anerkannter Gebrauchshund zu vielseitiger Verwendung. Von der Veranlagung her ausgeglichen und gutartig, besitzt er Schutztrieb, Härte, mittleres Temperament und eine sehr gute Nasenveranlagung. Für einen Gebrauchshund harmonisch abgestimmte körperliche Verhältnisse und eine besondere Bindung an seine Familie, machen ihn zu einem hervorragenden Begleit-, Wach-, Schutz- und Fährtenhund.

4. Kopf
4.1. Kopfform
Der kräftige Kopf hat eine breite, gewölbte Stirn. Die Kopfhaut liegt stramm an. Der Nasenrücken ist gerade und bildet eine Parallele zum Oberkopf. Nasenrücken und Oberkopf (Spanne zwischen Hinterhauptbein und Stop) sind etwa gleich lang.
Der Stop ist leicht, aber erkennbar. Der kräftige Fang verjüngt sich leicht, sowohl von der Seite als auch von oben gesehen, wirkt aber nicht keilförmig. Die Lefzen liegen fest an und sind dunkel pigmentiert (Näheres unter Punkt 10).

4.2. Nase
Die Nase ist stark pigmentiert und mit gut ausgebildeten Nasenlöchern.

4.3. Augen
Die Augen sind rund bis oval; weder hervortretend, noch tiefliegend. Ihre Farbe ist dunkel- bis mittelbraun.

4.4. Behang
Die dreieckigen Hängeohren liegen locker an und verdecken die Ohröffnung. Sie sind weit auseinanderstehend angesetzt, den Oberkopf optisch verbreiternd und reichen in ihrer Länge bis in Höhe des Unterkiefers (Fangwinkel). Die Vorderkante liegt etwa auf der Mitte zwischen Auge und Hinterhauptbein.

4.5. Gebiß
Der Hovawart hat ein vollständiges (42 Zähne), kräftiges Scherengebiß; Zangengebiß ist zulässig.

5. Hals
Der kräftige Hals ist mittellang.

6. Körper
6.1. Brust
Die harmonisch zum Gesamtbild passende Brust ist breit, tief und kräftig.

6.2. Rücken
Der Rücken ist gerade und fest mit leicht abfallender, nicht zu langer Kruppe.

6.3. Rute
Die Rute reicht bis unterhalb des Sprunggelenkes, aber nicht bis zum Boden. Sie wird je nach Stimmung bis über den Rücken hochgeschwungen oder gesenkt getragen.

7. Gliedmaßen
7.1. Vorhand
Die Vorhand ist gerade und kräftig mit sehr gut bemuskelter Schulterpartie. Das Schulterblatt ist lang und gut schräg zurückliegend.

Der Oberarm ist lang und liegt eng am Körper an, so daß die Ellenbogen gut unter dem Körper stehen. Die Pfoten sind rund, geschlossen und gewölbt, der Vordermittelfuß ist mäßig schräg gestellt.

7.2. Hinterhand

Die Hinterhand ist gut gewinkelt, und Ober- und Unterschenkel sind stark bemuskelt. Die Hüftgelenke sind frei von Hüftgelenksdysplasie. Die Sprunggelenke sind kräftig und tiefstehend, die Pfoten geschlossen und gut gewölbt. Vorhandene Afterkrallen sind zu entfernen.

»Asko vom Schlebuscher Wald«, ein schwarzer Hovawart-Rüde. Foto: Ebeling/RZV

8. Gangwerk

Das Gangwerk zeigt einen weitausgreifenden Trab.

9. Haut

Die Haut ist insgesamt straff anliegend und gut pigmentiert (Blauschimmer). Die Pigmentierung von Lidern, Nasenschwamm, Lefzen und Ballen entsprechend den Farben (10.2.1 bis 10.2.3.).

10. Haarkleid

10.1. Beschaffenheit des Haarkleides

Das auffallend schöne Langhaar ist leicht gewellt und geschlossen. Besonders ausgebildet ist es an der Brust, der Befederung der Läufe, an den Hosen und an der buschig behaarten Rute.

10.2. Farbe

Den Hovawart gibt es in drei Farbschlägen: schwarzmarken, schwarz und blond.

10.2.1. Schwarzmarken

Das Haarkleid ist schwarz und glänzend, die Farbe der Markenzeichnung mittelblond. Am Kopf beginnt die Markenzeichnung unterhalb des Nasenrückens und reicht um die Mundwinkel herum bis in die Kehlmarke. Die Punkte über den Augen sind deutlich sichtbar. Die Brustmarke besteht aus zwei nebeneinanderliegenden Flecken, die miteinander verbunden sein

Die braunen Punkte über den Augen sollen beim schwarzmarkenen Hovawart, hier »Ergo vom Godewind«, deutlich erkennbar sein. Foto: Bremer

können. An den Vorderläufen reichen die Marken, von der Seite gesehen, von den Zehen bis etwa zum Vordermittelfußgelenk und laufen nach hinten in Höhe des Rumpfes aus. An den Hinterläufen reicht die Zeichnung bis fast zur Bauchdecke. Von der Seite gesehen ist die Marke oberhalb des Sprunggelenkes nur als schmaler Streifen sichtbar. Auch unterhalb des Rutenansatzes ist eine Markenzeichnung vorhanden. In allen Bereichen ist die Markenzeichnung klar abgegrenzt. Ein kleiner weißer Brustfleck, der in den größten Ausmaßen 6 cm nicht überschreiten darf, sowie einzelne weiße Haare an Rutenspitze und Zehen sind zulässig. Die Pigmentierung an Lidern, Nasenschwamm, Lefzen und Ballen ist schwarz.

10.2.2. Blond
Die mittelblonde Decke reicht vom Nasenrücken bis zur Rutenspitze und wird zu den Läufen und zum Bauch hin heller. Ein kleiner weißer Brustfleck, der in den größten Ausmaßen 6 cm nicht überschreiten darf, sowie einzelne weiße Haare an Zehen und Rutenspitze sind zulässig. Die Pigmentierung an Lidern, Nasenschwamm, Lefzen und Ballen ist dunkel bis schwarz.

10.2.3. Schwarz
Das Haarkleid ist schwarz und glänzend. Ein kleiner weißer Brustfleck, der 6 cm in den größten Ausmaßen nicht überschreiten darf, sowie einzelne weiße Haare an Rutenspitze und Zehen sind zulässig. Die Pigmentierung an Lidern, Nasenschwamm, Lefzen und Ballen ist schwarz.

11. Größe
11.1. Widerristhöhe
Rüde: 63 – 70 cm
Hündin: 58 – 65 cm.

11.2. Gewicht
Das Gewicht ist der Größe des Hundes entsprechend, um die Arbeitsfähigkeit zu erhalten.

»Dollar vom Boddenland«, ein vorzüglicher Rüde mit ausgeprägter Markenzeichnung. Foto: Kerl

12. Fehler
Alle Abweichungen von der Standardbeschreibung sind fehlerhaft.

13. Disqualifizierende Fehler
Nachstehend aufgeführte Fehler schließen eine Wertnote, die zur Zucht zuläßt, aus.

zu 1.:
- im Phänotyp nicht dem Rassetyp entsprechende Hunde,
- stark rüdenhafte Hündinnen,
- stark hündinnenhafte Rüden;

zu 2.:
- Hunde mit quadratischem Körperbau;

zu 3.:
- aggressive, ängstliche, schußscheue oder lethargische Hunde;

zu 4.:
4.1.
- Hunde mit fehlendem Stop;

4.3.
- Hunde mit angeborener Blindheit;

4.4.
- Hunde mit Steh-, Kipp- oder Rosenohren;

4.5.
- Hunde mit Vor-, Rück- oder Kreuzbiß;
- Hunde, denen mit Ausnahme der P1 oder M3 andere Zähne fehlen;
- Hunde mit fehlendem Schluß der Reißzähne (Prämolaren und Molaren);

zu 5.:
- Hunde mit ausgeprägter Wamme oder stark loser Kehlhaut;

zu 6.:
zu 6.1.
- Hunde mit zu schmaler oder tonnenförmiger Brust;

zu 6.2.
- Hunde mit Senk- oder Karpfenrücken;

zu 6.3.
- Hunde mit einer Anomalie der Schwanzwirbel, stark verkürzter Rute oder ausgeprägter Ringelrute;

zu 7.:
- Hunde mit stark überhöhter Hinterhand oder HD-Befall;

zu 10.:
10.1.
- Hunde mit durchweg gelocktem Haarkleid (geschlossene Locken);

10.2.
- alle Hunde mit Farben, die nicht im Standard beschrieben sind, z. B. blau-grau, wildfarben, braun, weiß, gescheckt sowie überwiegend mehrzoniges Haar;

10.2.1.
- Hunde mit weißen Abzeichen (außer an der Brust);
- Hunde mit grauen oder braunen Flecken außerhalb der Markenzeichnung sowie andersfarbiger als schwarzer Unterwolle;
- Hunde mit überwiegend grauer oder weißlicher Markenzeichnung.

10.2.2.
- Hunde mit durchgehend rotblonder Farbe ohne Aufhellungen;

- weißlich-blonde Hunde mit ebensolchen Behängen;
- blonde Hunde mit deutlich weißer Markenzeichnung;
- Hunde mit weißen Abzeichen (außer an der Brust);
- Hunde mit dunklen bis schwarzen Abzeichen oder Maske;

10.2.3.
- Hunde mit weißen Abzeichen (außer an der Brust);
- Hunde mit grauen oder braunen Flecken oder überwiegend andersfarbiger als schwarzer Unterwolle.

zu 11.:
- Hunde mit Untergröße;
- Hunde mit Übergröße von mehr als 3 cm.

(Stand: 1995)

Hervorragend pigmentiert: der blonde Welpe »Brenz vom Weserstein«. Foto: Paschke

Im Blickpunkt: die Erbgesundheit

Der Hovawart hat im Gegensatz zu manch anderer Rasse keinen Standard, der Erbdefekte provoziert. Er ist jedoch disponiert für die typischen Gesundheitsprobleme großer Hunderassen. Dazu gehören die Magendrehung und Wachstumsstörungen des Skeletts. Blasius weist in diesem Zusammenhang auf die züchterische Bedeutung der **OCD** (Osteochondrose dissecans) für den Hovawart hin. Diese Erkrankung, bei der abgesplitterte Knorpelstücke im Gelenkspalt wandern, betrifft vor allem das Schulter-, Ellenbogen- Sprung- oder Kniegelenk. Die OCD wird vermutlich durch zu gehaltvolle Fütterung des Junghundes begünstigt (Blasius 1994, S. 98).

Besonders beachten muß man die **Hüftgelenksdysplasie (HD),** die schlechte Passung von Oberschenkelhals und Hüftgelenkspfanne. Der RZV beschloß bereits 1965 (die SZG der DDR 1968) gezielte züchterische Maßnahmen gegen die Erbkrankheit HD einzuleiten. Seit 1986 werden im RZV nur Hovawarte zur Zucht eingesetzt, die nachweislich das Röntgen-Ergebnis HD-frei mitbringen. Gleiches gilt für den HC. In der HZD dürfen Hunde mit HD-Verdacht nur mit HD-freien Zuchttieren verpaart werden. Blasius ist der Ansicht, durch diese Strategie sei zwar die HD-Situation nicht *entscheidend* verbessert worden, sie habe aber der weiteren Ausbreitung entgegengewirkt (1994, S. 119). Auch das ist ein großer Verdienst! Die Chance, aus einer

Nach heutigen Vorstellungen nicht standardgemäß: eine wildfarbene, reinrassige Hovawart-Hündin. Foto: Kerl

»Bursche vom Alten Rick«, einer der seltenen schwarzen Hovawarte. Foto: RZV

streng kontrollierten VDH-Zucht einen HD-freien Hovawart zu bekommen, ist heute sehr groß. Es ist zwar nicht gesagt, daß ein Hund mit HD-L* überhaupt je Beschwerden zeigen wird (siehe Bali 1996, S. 40f); trotzdem muß die HD weiterhin züchterisch beachtet werden.

Die HD-Bekämpfung hatte durch die gleichzeitige Selektion auf Schutzhundeigenschaften einen unerwünschten Nebeneffekt: »Wohl als Folge der Bekämpfung der Hüftgelenksdysplasie stellten sich Tiere mit sehr niedriger Reizschwelle ein« schreiben Bengeforth und Radam

* L = Leicht
M = Mittel
S = Schwer (= HD)

RZV

Foto: Kerl

Ergo: niedrige Reizschwelle = Eignung f. Schutzhund = zierlicher → RZV
höhere " = Familienhund = derber, kräftiger → HZD

1983 und: »Wir können feststellen, daß der derbe Typ, der ja einmal der typische Hovawart war, zurückgeht und dem zierlichen Typ Platz macht« (ebd., S. 32f). Leicht gebaute Tiere kamen vermehrt in die Zucht, weil sie durch ihre niedrigere Reizschwelle eher die Schutzdienst-Hürde bei der Zuchttauglichkeitsprüfung nahmen und gleichzeitig weniger zur HD neigten als die kräftigen, aber gelasseneren Hovawarte. Hochinteressante Untersuchungen zur Korrelation von Wesen und körperlicher Konstitution hat Aldington zusammengetragen (1986, S. 116ff). In der Zucht muß auf Nervenstärke und derben Typ allergrößter Wert gelegt werden (siehe auch Blasius 1995/3, S. 6ff).

Heute sieht die Farbverteilung in der deutschen Hovawart-Population nach Wienrich (1992) etwa wie folgt aus: Den größten Anteil machen mit ca. 60 Prozent die Schwarzmarkenen aus (v.l.: »Baribal von der Walch«, »Erebos von der Flue« und »Buran vom Sonnenwirbel«)... Foto: Oppliger

...gefolgt von 30 Prozent blonden Hovawarten (v.l.: »Brenda und Dora vom Wideneck«)... Foto: Kerl

...und ca. 10 Prozent schwarzen Rassevertretern (»Banja vom Weserstein«). Foto: Lindrum

Von erwünschten und unerwünschten Farben

Für König galt noch: »Ein guter Hund hat keine schlechte Farbe!« Blond x Blond-Verpaarungen, aus denen stets nur blonde Welpen hervorgehen (blonde Hovawarte sind immer reinerbig bezüglich der Farbvererbung), waren damals verboten (König wird nachgesagt, er selbst habe sich an dieses Verbot nicht gehalten), manche Welpen wurde mit der Bezeichnung »Tarnfarben« eingetragen (RZV-Zuchtbuch, Ausgabe 1989, S. 157). Damals waren auch blonde Hovawarte mit Anflug (schwarze Maske), grau-blaue Hunde und wildfarbene keine Seltenheit. Auch heute noch tauchen gelegentlich »fehlfarbene« Welpen in ansonsten korrekten Würfen auf. Der offizielle Rassestandard läßt nur die drei beschriebenen Farben gelten.

Eng korreliert mit der Art der Haarfärbung ist die Hauttönung, die sogenannte Pigmentierung, die vom Melaningehalt der Zellen abhängt. Während hell- oder mittelblonde Hovawarte in der Regel ein gutes bis sehr gutes Pigment an Nasenschwamm, Lidern, Lefzen und Ballen aufweisen, sind rotblonde Hovawarte meist schwächer pigmentiert. Es gibt allerdings auch das Phänomen der sogenannten »Wechselnase«, bei dem der Nasenschwamm je nach Jahreszeit die Farbe um einige Nuancen verändert. Das Pigment an Nase, Lidern, Lefzen und Ballen dunkelt bei blonden Welpen in der Regel noch nach.

Einen Hovawart anschaffen und erziehen

Für wen einen Hovawart?
Ein Hovawart stellt hohe Anforderungen an seinen Besitzer. Beckmann nannte ihn »Eine Wundertüte voller Überraschungen« (1995). Ein typischer Rassevertreter ist lebhaft (jedoch frei von Nervosität) intelligent, äußerst anhänglich »seinen« Menschen gegenüber, sensibel, lernbegierig, bewegungsfreudig und wachsam – aber auch zuweilen draufgängerisch, hart, herausfordernd mit Neigung zu dominantem Verhalten, stur und mit einer unglaublichen Energie gesegnet, die vor allem in der langen Jugendzeit des Spätentwicklers Hovawart nicht immer nur in erwünschten Handlungen abreagiert wird. Leider stimmt es nicht, was viele Rassebeschreibungen versprechen: daß der Hovawart generell kein Interesse am Jagen und Streunen hat. Hier entscheiden einzig Erziehung und Haltung, ob man sich in dieser Hinsicht auf seinen Hund verlassen kann.
In letzter Zeit sehen sich viele Interessenten nach einem blonden Hovawart als Alternative zum Golden Retriever um. Wer glaubt, hier das Gleiche in grün bzw. in blond zu erwerben, dem sei vom Hovawart ausdrücklich abgeraten! Die bedingungslose Freundlichkeit des Retrievers auch einem Unbekannten auf dem Grundstück gegenüber ist den meisten erwachsenen Hovawarten fremd.
Folgende Fragen müssen Sie eindeutig mit »Ja« beantworten können, wenn Sie mit einem Hovawart die nächsten 10 bis 14 Jahre glücklich werden wollen – und er mit Ihnen:

■ Steht Ihre ganze Familie voll hinter der Anschaffung? Ein Hovawart wird nicht nur Freude, sondern auch reichlich Schmutz, lose Haare, Gebell, zerbissene Teppiche und angenagte Stuhlbeine in Ihr Leben bringen und eventuell die Besuche überempfindlicher Verwandtschaft reduzieren. Wäre das in Ordnung?

■ Haben Sie genügend Zeit, um den Welpen aufzuziehen und sich täglich intensiv dem erwachsenen Hund zu widmen? Bräuchte Ihr erwachsener Hovawart nie länger als vier Stunden täglich allein sein?

■ Haben Sie große Lust und ein ehrliches Interesse, mit dem Hovawart – in welcher Weise auch immer – zu »arbeiten« und sich wirklich mit ihm auseinanderzusetzen?

■ Haben Sie genügend Platz für ihn? Es ist jedoch eine veraltete Ansicht, daß zu einem grossen Hund unbedingt Haus und Garten gehören. Der Hovawart braucht vor allem engsten Familienanschluß. Ein riesiges Grundstück nützt ihm nichts, solange er sich dort allein beschäftigen soll. Ich halte darüber hinaus die andauernde Isolation im Zwinger für das hochsoziale Rudeltier Hund im allgemeinen und den geselligen Hovawart im besonderen für nicht artgerecht. Außerdem: Potentielle Langfinger registrieren schnell, wenn der »Hofwächter« im Zwinger festsitzt und den Einbruch im Haus nicht verhindern kann.

»Wetten, daß in mir ein Raubtier steckt?« Zwischen dem quirligen Welpen (»Chester vom Chaiserspon«)... Foto: Oppliger

...und dem zuverlässig gehorchenden Hovawart liegen viele Monate einfühlsamer Erziehungsarbeit (»Mara vom Kaiserhof«). Foto: RZV

■ Können Sie in etwa absehen, wie Ihre Lebensumstände in zehn Jahren aussehen werden? Lassen sich auch späterer Kinderwunsch, die Karriere oder eventuelle Auslandsaufenthalte mit einem Hund vereinbaren?

■ Besitzen Sie genügend Geld, um den Hund anzuschaffen (Welpenpreise 1996 zwischen 1400 und 2000 DM in Deutschland), artgerecht zu ernähren und medizinisch behandeln zu lassen, oder würde Sie eine teure Operation finanziell ruinieren?

■ Haben Sie hundefreundliche Nachbarn und Vermieter? (Zustimmung für Hundehaltung schriftlich geben lassen!)

■ Können Sie den Hund mit in den Urlaub nehmen? Haben Sie eine optimale Unterbringungsmöglichkeit für (hoffentlich seltene) Ausnahmefälle?

■ Bewegen Sie sich gerne und bei jedem Wetter? (Mindestens zwei Stunden pro Tag möchte der erwachsene Hovawart mit Ihnen unterwegs sein!)

■ Sind Sie körperlich fit genug, um einen temperamentvollen Hovawart zu bändigen, der ausgewachsen je nach Geschlecht zwischen 30 und 50 kg auf die Waage bringt?

■ Sind Sie eine Person, die sich durchsetzen kann? Würden Sie einen guten »Rudelchef« abgeben?

■ Haben Sie Geduld? Sind Sie lernfähig und selbstkritisch?

■ Sehen Sie den Hund als vierbeiniges Familienmitglied?

■ Haben Sie viel Humor und gute Nerven?

Jeder seriöse Züchter wünscht sich außerdem, daß Welpenkäufer die Hunde mindestens auf der Jugend- und Hauptkörung (bzw. der Zuchttauglichkeitsprüfung) vorstellen und mit etwa 18 Monaten auf HD röntgen lassen. Besonders dankbar ist der Züchter, wenn der neue Besitzer in den Verein eintritt und den Hund auf Ausstellungen zeigt.

Ein Kinderfreund par excellence?

Der Rasse wird große Kinderliebe nachgesagt – das stimmt, wenn die Kinder hundefreundlich sind und der Welpe bereits beim Züchter auf sie geprägt wurde! Wer Kleinkinder hat, sollte sich fragen, ob er außerdem noch einen temperamentvollen Hovawartwelpen verkraftet. Daß der junge Hovawart nicht so denkt wie ein Mensch und andere Bedürfnisse hat, leuchtet Kindern nicht ohne weiteres ein. Sie sind auf Ihre Erklärung angewiesen und müssen akzeptieren, daß der Hund z.B. nicht geweckt werden darf, wenn er schläft, daß sie nicht ständig an ihm herum (er-)ziehen dürfen usw.

Ein jüngeres Kind sollte niemals mit einem Hund dieser Größe alleingelassen oder »Gassi« geschickt werden – es gibt Situationen, in denen Körperkräfte und Autorität nötig sind; damit wäre ein Kind überfordert. Für Ihren Hund steht auch bei aller freundschaftlicher Verbundenheit ein »Menschenwelpe« recht weit unten in der Familienrangfolge.

Einen guten Züchter finden

Viele Interessenten machen den Fehler, daß sie nicht genug Zeit einplanen, um sich in Ruhe nach einem wirklich guten Züchter umzuschauen. Kaufen Sie nicht beim nächstbesten! Wenden Sie sich an Hovawart-Vereine (FCI) mit streng kontrollierter Zucht (Adressen im Anhang), die höchste Anforderungen an die Zuchttiere und die korrekte Aufzucht der Welpen stellen. Jeder dieser Würfe wird mehrfach vom Zuchtwart besucht, in der achten Woche von ihm tätowiert und begutachtet. Von den Vereinen bekommen Sie die Anschriften der Welpenvermittlungen; dort wissen die Ansprechpartner über geplante oder bereits gefallene Würfe Bescheid.
Besuchen Sie CACIB-Ausstellungen und Spezialzuchtschauen, sprechen Sie mit Hovawarthaltern und verschiedenen Züchtern. Machen Sie sich ein Bild von der Rasse, das nicht nur auf Informationen aus der Literatur basiert. Wie erkennt man den guten Züchter vor Ort? Im

günstigsten Falle hat man ihn und die Elterntiere schon vor der Ankunft des Wurfes kennengelernt. Der seriöse Züchter hält seine Hovawarte mit vollem Familienanschluß, gewährt auch seinen nicht mehr zuchtfähigen Tieren einen schönen Lebensabend und zeigt Ihnen stolz die Mutterhündin, die nach dem ersten Bellen einen aufmerksamen, aber freundlichen Eindruck auf Sie machen sollte.

Übrigens: auch der Züchter sollte Ihnen sympathisch sein, denn er wird den Kontakt zu seinen Hunden auch nach der Abgabe halten wollen – insofern werden Sie zukünftig viel miteinander zu tun haben.

Ein guter Züchter zieht die Welpen nach den neuesten Erkenntnissen der Kynologie auf und tut alles zum Wohle seiner Hunde; bereitwillig gibt er Auskunft zu allen Fragen, die sich stellen. Er berät Sie bei der Auswahl des Welpen und noch Jahre nach der Abgabe – optimalerweise bis zum Tod seiner Nachzucht.

Der Hovawart hat viele Gesichter, dieses zeigt er aber nur sehr selten. »Esra vom Nebelsee« meint, sie habe Anspruch auf die Kuchenbeute. Foto: Döbbeling

Welcher Welpe soll es sein?

Wenn Sie sich schon für eine bestimmte Farbe entschieden haben, ist die Wahl von vorne herein begrenzt. Doch oft ist der einst festgezurrte Farbwunsch angesichts des »richtigen« Welpen schnell vergessen.

Der Hovawart hat ein anderes Wesen als der Golden Retriever, der nicht als Wachhund, sondern als apportierender Jagdhund gezüchtet wurde. Außerdem bringt der Hovawart (anders als der »Golden«) Schutztrieb mit, den man erzieherisch in die richtigen Bahnen lenken muß. Nicht zu vergessen die Bereitschaft, selbst die Rudelführerschaft zu übernehmen, wenn sich der Zweibeiner als untauglich erweisen sollte! (Links Golden Retriever »Momo vom Sternberg«, rechts Hovawart »Brenda vom Wideneck«.) Foto: Kerl

Setzt man auf die abschreckende Wirkung des Hovawartes, könnten die dunklen Hunde für diesen Zweck geeigneter sein – wachsamer sind sie natürlich nicht. Blonde Hovawarte haben mehr und feinere Unterwolle, was sich zu Zeiten des Haarwechsels auf dem Teppich bemerkbar macht. Blasius gibt mit einem Augenzwinkern zu bedenken, daß blonde Haare auf der Butter unauffälliger sind als schwarze (1985, S. 28). Bei der Beurteilung der Welpen ist zu beachten, daß sich die Färbung noch verändern wird. Blonde Welpen dunkeln nach – ein Anhaltspunkt sind die Behänge und die dunklere Blondfärbung an den Sprunggelenken der Hinterhand. Auch die Marken verändern sich noch in Färbung und Ausdehnung. Ein im Welpenalter sehr stark gezeichneter schwarzmarkener Hovawart *kann* zum Beispiel u. U. als erwachsener

Sicher ist es günstig, wenn Sie bereits »Hunde-Erfahrung« mitbringen, denn der Hovawart ist kein ausgesprochener »Anfängerhund«. Aber natürlich können auch Neueinsteiger mit ihm glücklich werden, wenn sie seiner Wesensart gerecht werden. Foto: Kerl

Hund maskenhaft überzeichnete Kopfmarken haben. Anfangs schwache Marken entwickeln sich oft noch mit der Zeit.

Egal, wie die Farbwahl ausfällt: viel wichtiger ist es, daß der Welpe vom Verhalten her zum neuen Besitzer paßt.

Anfänger sind mit einem Welpen besser bedient, der in der Rangfolge deutlich unter dem »Anführer« der Junghundgruppe steht und sich leichter unterordnet (vgl. Trumler 1989, S. 182).

Rüde oder Hündin?

Ein heranwachsender Rüde stellt hohe Anforderungen an Ihre Autorität. Wer sehr weich und nachgiebig ist, wer nicht (im bildlichen Sinne) auch mal mit der Faust auf den Tisch hauen kann oder körperlich nicht auf der Höhe ist, sollte die Finger von einem Hovawartrüden lassen! Nicht umsonst werden erwachsene Hovawarte meist im Alter zwischen dem ersten und dem dritten Lebensjahr abgegeben: in der Regel Rüden, für die nach »erfahrenen Händen« gesucht wird. Dies ist immer ein Zeichen dafür, daß die Hunde den Besitzern über den Kopf gewachsen sind und ihre Dominanzbestrebungen in der Pubertät nicht rechtzeitig bemerkt und aufgefangen wurden. »Schuldig sind die Hundehalter, die ihren Hund nicht konsequent zu dominieren vermögen (...) und nicht in der Lage sind, für den Hund die klaren Rangverhältnisse zu schaffen, die er braucht und sucht«, schreibt Dorit Feddersen-Petersen treffend zu diesem Problem (1991).

Dazu kommt, daß der Gewichts- und Größenunterschied zwischen dem imposanten Rüden und der zarteren Hündin 15 kg bzw. 10 cm Schulterhöhe oder mehr betragen kann und gebändigt werden muß. Einem blutigen Anfänger würde ich daher generell zu einer Hündin raten, die ihn noch genug fordert. Sie ist in der Regel leicht

Wer sich mit dem Gedanken trägt, einen Hovawart als »Zweithund« anzuschaffen, sollte über die beste Geschlechterkonstellation nachdenken. Sehr harmonisch ist die Rüde/Hündin-Gemeinschaft, doch dann muß man die Zeit der Hitze bedenken. Und: zwei Hunde sind bereits ein Kleinstrudel! Der ältere sollte bereits zuverlässig gehorchen, und es darf keinen Zweifel an Ihrer Alpha-Position geben. Nur erfahrenen Hundefans zu empfehlen, aber dann oft beglückend! (»Ecco und Freya vom Nebelsee«) Foto: Wecks

Der Ruf nach kinderfreundlichen Hunden setzt immer hundefreundliche Kinder voraus! Im gleichen Maße wie der Hund muß auch ein Kind, das bis jetzt noch nicht mit einem Vierbeiner zusammengelebt hat, Regeln lernen und Grenzen akzeptieren. »Adda vom Sternenfeld« und ihre Freundin Wiebke haben damit keine Probleme. Foto: Döbbeling

Das letzte Wort und die Verantwortung in der Hundeerziehung hat immer der erwachsene »Alpha-Mensch«. Sie sind trotzdem ein ganz starkes Team: »Anis vom Luchshohl« (5 Monate alt) und Henrike Tiarks. Foto: Kerl

führiger, weniger zur Dominanz neigend und trickreicher. Natürlich gibt es immer Ausnahmen in Form von sehr weichen Rüden und ranghohen, dominanten Hündinnen! Wer Hundesport betreiben will oder den Aufbau einer Zucht plant, wird natürlich noch andere Überlegungen einfließen lassen.

Der Umgang mit der Läufigkeit, mit der um den 9. Monat erstmals gerechnet werden muß, ist unproblematischer, als viele glauben. Die Hitze stellt sich im Abstand von ca. 6 Monaten ein. In der paarungsbereiten Zeit gehört die Hündin an die Leine. Dazu kommen das Wegputzen einiger Blutstropfen, Versammlungen von Nachbars Rüden vor der Haustür sowie der jeweils dreiwöchige Verzicht auf Hundeplatz und Ausstellungen.

Der Welpe im neuen Zuhause

Sobald die Übernahme naht, sollten Sie eine Haftpflichtversicherung für Hundehalter abschließen. Sicher ist sicher!

Ausgeglichenheit und Nervenstärke muß ein Hovawart für den Umgang mit Kindern besitzen. »Brenda vom Wideneck« nimmt freundlich Kontakt mit Katharina (2 Jahre) auf, obwohl sich beide zum ersten Mal sehen und die Hündin gerade 4 Wochen alte Welpen hat. Foto: Kerl

Achten Sie genau auf den Charakter der Hündin – ihr Erziehungsstil hat großen Einfluß auf die Welpen. Eine gute Kinderstube ist die beste Mitgift fürs ganze Hundeleben. »Brenda vom Wideneck« mit Tochter »Anouschka vom Luchshohl«. Foto: Meier/Reiter

Weiße Abzeichen an Brust oder Pfoten, die nicht übermäßig groß sind – wie bei »Argus und Alraune vom Luchshohl« – wachsen sich aus und verschwinden oft völlig. Foto: Kerl

Die gut gepflegten, entwurmten und geimpften Welpen haben einen abwechslungsreichen Auslauf am Haus, sind optimal auf den Menschen geprägt, neugierig, unbedarft, interessiert und quicklebendig (»Abraxas vom Luchshohl«). Foto: Kerl

Blonde Hovawarte wirken auf die oft hundefeindliche Umwelt freundlicher. Die Mimik ist besser zu erkennen, da Augen und Nasenschwamm sich wie bei »Chester vom Chaiserspon« deutlich von der helleren Fellfarbe abgrenzen. Foto: Oppliger

Der »Kopfhund« des Welpenrudels verlangt nach einem erfahrenem Halter, der dem Selbstbewußtsein eines solchen Hundes souverän begegnen kann. Hier balgen »Amber und Anis vom Luchshohl«. Foto: Kerl

Die **Autofahrt** ins neue Zuhause sollte der kleine Kerl nicht mit vollem Magen antreten. Er gehört mit einer Bezugsperson auf die Rücksitzbank des Wagens; optimalerweise hat er beim Züchter das Autofahren bereits kennengelernt.

Zuhause angekommen, wird sich das neue Familienmitglied neugierig umschauen. Vor der Ankunft müssen alle **Gefahrenquellen** aus der Wohnung beseitigt worden sein: Stecker und Kabel kann man mit Bitter Apple einreiben, einer gräßlich schmeckenden Substanz, die dem Welpen das Kauen auf verbotenen Dingen verleidet. Viele **Grünpflanzen** wie Dieffenbachie oder Efeu sind giftig und können großen Schaden anrichten, wenn der Welpe ihre Blätter frißt! Den Haushalt des Züchters hat der Welpe hoffentlich schon erkundet, so daß er mit Geräuschen aller Art und Haushaltsgeräten bestens vertraut ist. Den **Schlafplatz** wird sich der Hund vermutlich selbst aussuchen. In den ersten Nächten gehört der Korb oder die Decke neben das Bett seiner neuen Bezugsperson, niemals lasse man den aus der Welpengruppe gerissenen Neuankömmling in dieser wichtigen Zeit alleine! Ein nach der Mutter und den Geschwistern riechendes Tuch auf seinem neuen Lager erleichtert den Übergang. Bereits beim Züchter wird es die Welpenschar vermieden haben, das Lager zu beschmutzen.

Die zuverlässige **Stubenreinheit** ist schnell erreicht, wenn der Welpe kurz nach dem Fressen, dem Schlafen und dem Spielen (also in den ersten Tagen sehr oft) nach draußen gebracht wird. Mit einer freundlichen, stets gleichen Aufforderung wird er abgesetzt und überschwenglich gelobt, wenn das »Geschäft« draußen geklappt hat. Gefüttert wird noch 4x am Tag in kleinen Portionen nach dem Futterplan des Züchters. Zu schnelle Futterumstellungen führen zu Durchfall!

Die Länge der Spaziergänge darf in den ersten Wochen und Monaten nicht übertrieben werden – lieber öfter kurz gehen (anfangs jeweils etwa 15 bis 20 Minuten) als selten lang! Marathonwanderungen überfordern den Bewegungsapparat und können zu irreparablen Schäden führen.

Über die Notwendigkeit, den Welpen auf **Treppen** zu tragen, gibt es verschiedene Ansichten. Sicher schaden hin und wieder drei Stufen nicht, aber es ist bestimmt nicht gesund und natürlich, einen 12 Wochen alten Welpen mehrmals täglich steile »Hühnerleitern« erklimmen zu lassen. Bis unsere Hovawarte etwa 20 kg wogen, wurden sie daher auf Treppen mit vielen Stufen getragen.

Fürs Leben lernen

Die ersten 14 bis 16 Lebenswochen eines Welpen entscheiden über seine grundsätzliche Einstellung zum Leben. Was Sie jetzt verpassen, läßt sich kaum jemals nachholen! Täglich lernt der Welpe – ob Sie es merken und steuern oder nicht. In den ersten Tagen wird er sehr oft die Worte »Nein« und »Pfui« zu hören bekommen, denn von Beginn an müssen seinem überschäumenden Temperament auch Grenzen gesetzt werden.

Die ersten Tage im neuen Zuhause dienen der Umstellung und der Eingewöhnung. Als Auslauf reicht anfangs der Garten völlig, denn auch der ist dem Welpen noch neu. Doch wenn er sich einige Tage eingelebt hat, beginnt die Vorbereitung auf den Ernst des Lebens – ganz spielerisch.

Man sollte stets etwas früher als der Welpe wissen, was er als nächstes vorhat. Sie müssen also lernen, ihn stets aufmerksam zu beobachten (das tut er mit Ihnen den ganzen Tag), sein Verhalten zu analysieren und sich über die Signale, die Sie für ihn aussenden, im klaren sein. Erwünschtes Verhalten muß durch Lob (Stimme, Klopfen, hin und wieder ein Leckerchen) positiv verstärkt oder angebahnt werden, unerwünschtes ist ohne viel Aufhebens sofort (!) kurz und energisch zu ahnden.

Viele frischgebackenen Welpenbesitzer haben Angst, ihr junger Hovawart würde sie nicht mehr lieben, wenn sie ihm deutliche Grenzen setzen. Doch das Gegenteil ist der Fall. Das Vertrauen in Ihre Fähigkeiten als Rudelchef wächst, wenn Sie sich im *richtigen* Moment energisch (nie halbherzig!) Respekt verschaffen.

Besprechen Sie mit allen Familienmitgliedern, nach welchen Spielregeln der Hovawart erzogen werden soll, damit alle an einem Strang ziehen. Mit der gelungenen Kommunikation zwischen Mensch und Hund steht und fällt seine Erziehung. Gefragt sind stets gleiche Handlungsfolgen, um so eher verknüpft der junge Hovawart, was gemeint ist. Sagt der eine hü und der andere hott, kann der Welpe beim besten Willen kein wohlerzogener Hund werden, weil er ständig in einem Zustand der Verwirrung lebt.

Wir wollen keinen geduckten Hund mit gebrochener Persönlichkeit, sondern einen freudig gehorchenden Vierbeiner, mit dem wir ein Team bilden. Was Sie als Erziehungsvoraussetzung brauchen, ist eine lockere Souveränität, Klarheit im Umgang mit dem Hovawart, Selbstkritik und Selbstvertrauen. Denn: wenn Sie selbst nicht daran glauben, das Rudel anzuführen – wie sollte es dann erst Ihr Hovawart? Hilfreich zum Erlernen der Grundeinstellung sind die Bücher »ABC für Hundebesitzer« von Urs Ochsenbein sowie »1x1 der Hundeerziehung« von Heinz Gail (siehe Anhang).

Der Hovawart ist ein selbständiger Hund, der hochintelligent ist und einen starken Willen hat. Das erfordert *manchmal* eine gewisse Härte (vor allem bei Hovawarten in der Pubertät) – es kann schon vorkommen, daß Sie ihn wegen offensichtlicher Rebellion auf den Rücken werfen und die Unterordnungsgeste fordern müssen. Im Wolfsrudel sind Samthandschuhe unbekannt; im *richtigen* Moment gezeigt (nicht erst 10 Minuten später!), nimmt Ihnen Ihr Hund den rüden Ton nicht übel – im Gegenteil: In seinen Augen festigen Sie Ihren Stammplatz ganz oben in der Hierarchie und geben ihm dadurch die Sicherheit eines festen Rudelgefüges, in dem er seinen Platz kennt. Wenn Probleme auftreten, dann meistens, weil die (anfangs zaghaften) Dominanzbestrebungen des Hovawartes schon im Welpenalter nicht bemerkt und aus der Welt geschafft wurden. Sie dürfen nicht erst handeln, wenn der Hund Ihnen über den Kopf gewachsen ist. Von Welpenbeinen an muß er wissen, daß »Meuterei« nicht geduldet wird! Ganz besonders und doppelt unterstrichen gilt dies für alle Rüdenbesitzer. Wachsende Angst vorm eigenen Hund baut diesen noch mehr auf. Oft wird daraus ein »Umständehalber abzugeben«!

Allen, die einen »schwierigen« Hovawart ihr Eigen nennen, sei John Fischers Buch »Vom Strolch zum Freund. Das ABC für Problemhunde« sowie »Problemverhalten beim Hund« von Heidi Bernauer-Münz und Christiane Quandt empfohlen (siehe Anhang).

Lernen zu loben

Für das Üben gilt ganz allgemein, daß Sie aufhören sollten, wenn der Welpe/Junghund etwas besonders gut gemacht hat. Fordern Sie nicht solange Gehorsam, bis die Luft raus ist, sondern seien Sie zufrieden mit kleinen Fortschritten. Vergessen Sie nie, *im richtigen* Moment zu loben! Lob ist motivierend und schafft ein sich einprägendes Erfolgserlebnis, es darf jedoch nicht konfus wie mit einer Gießkanne über den Hund geschüttet werden. Er muß gezielt für eine ganz bestimmte Handlung gelobt werden, die quasi im gleichen Moment vollbracht wurde. Gezieltes Loben und gezieltes »didaktisch« sinnvolles Strafen setzt beim Hundebesitzer hohe Konzentration voraus und muß vom Anfänger regelrecht geübt werden.

Aufmerksam machen

Der bekannte Hovawartausbilder Paul Kufner hat einmal gesagt, man müsse Welpen zum Staunen bringen. Mit einem fragenden »Schau mal?« können wir unserem Hund mitteilen, daß gleich etwas Besonderes passiert – wir bahnen eine Übungssituation an: Aufmerksamkeit ist die Grundlage jedes Erfolgs. Der Hund lernt, sich (auf Sie) zu konzentrieren.

Einem Hovawart muß man nicht ständig mit Gehorsamsübungen seine Macht zeigen. Gefordert ist eine einfühlsame Gesamthaltung, die Respekt fordert, wenn es nötig ist und dem Hund souverän seinen Platz im Mensch-Hund-Rudel zuweist. Wer dazu in der Lage ist, wird von einem Rüden wie »Emir Lémania Denges« absolut begeistert sein! Foto: Kerl

Schaut der Hovawart Sie nun an, wird er gelobt. Werfen Sie einen Ball, geben Sie ein Leckerchen oder gehen Sie zu einer anderen Aktion über, die ihn anspricht. Später kann man »echte« Befehle nachschicken.

Tabus setzen

Wie oben schon gesagt, muß der Welpe von Anfang an wissen, was erlaubt und was verboten ist. Wenn er Sie mit seinen nadelspitzen Zähnchen zu fest beißt, heulen Sie laut auf und grei-

Rauflustige Hovawarte wurden als Welpen und Junghunde nicht ausreichend sozialisiert, hatten zuviele Erfolgserlebnisse – oder der Besitzer hat durch sein Verhalten unbewußt die Aggressionen seines Hundes verstärkt. Foto: Kerl

fen gleichzeitig (schnell!) mit einem kurzen, kräftigen Druck über seinen Fang und brechen das Spiel ab. Bleiben Sie dabei ganz gelassen. Loben Sie ihn für sanftes Verhalten. Treibt er es gar zu wild, wird der kleine Rabauke mit einem scharfen »Pfui!« kurz und energisch im Nackenfell gepackt. Gleiches gilt, wenn er Sie anknurren sollte, etwa weil er nicht auf Ihrem Schoß bleiben will oder das Bürsten nicht mag. Von Anfang an dürfen Sie Aggressionen Menschen gegenüber nicht dulden – auch wenn sich das Knurren jetzt noch recht harmlos anhört.

Allein bleiben

Wenn der Welpe einige Tage bei Ihnen ist, können Sie ihm bereits ein paar Minuten des Alleinseins zumuten – generell sollte der Hund aber in den ersten Wochen rund um die Uhr betreut werden. Gehen Sie ab und zu ohne ihn in den Garten, den Keller, den Flur, steigern Sie lang-

Sie sollten sich vom Züchter, der seine Welpen am besten kennt, eingehend bei der Wahl »Ihres« Hundes beraten lassen... Foto: Kerl

... und seinem Urteil und Ihrer inneren Stimme vertrauen. Foto: Kerl

Wenn möglich, werden Sie vor der Abholung einige Male den Wurf beim Züchter besucht haben. Schweren Herzens wird sich dieser von seinem Welpen frühestens nach der achten Woche trennen. Cathrin Bischler verabschiedet sich von »Brenda vom Wideneck«. Ein schlimmer Moment für jeden Züchter, der seine Welpen liebt. Foto: Kerl

sam das Alleinsein auf 15 Minuten, wenn Sie den Eindruck haben, es ginge schon recht gut. Beschäftigen Sie den Welpen mit einem interessanten Spielzeug oder einem Kauknochen. Erwachsene Hovawarte, die gut daran gewöhnt wurden, kann man – wenn nötig – auch einmal vier Stunden am Stück allein lassen. Dann sind aber lange Spaziergänge vorher und nachher Pflicht! Nicht frühzeitig ans Alleinsein herangeführte Hovawarte können in kürzester Zeit die Wohnung bis zur Sperrmüllreife zerlegen oder rufen die Nachbarschaft durch Heulkonzerte auf den Plan. Schuld daran ist der Besitzer!

Nicht anspringen

Daß der Welpe Sie anspringt, wenn Sie nach Hause kommen, hat einen einfachen Grund: Er möchte Ihre Mundwinkel lecken. Dies ist ursprünglich eine unterwürfige, freundliche Geste der Mutterhündin gegenüber, die den Würgereiz bei ihr auslöst (im Wolfrudel klappt das; nicht jeder Hund ist noch so instinktsicher) – es handelt sich also um eine Futterbettelgeste mit sozialen Aspekten (Beschwichtigungsverhalten).

Kurze Spaziergänge unternimmt man erst, wenn sich der Welpe nach einigen Tagen eingewöhnt hat und eine Bindung zwischen ihm und seinem neuen Besitzer hergestellt ist. Halsband und Leine sollte er bereits bei seinem Züchter kennengelernt haben. Foto: Kerl

Der frischgebackene Welpenbesitzer sollte vom ersten Tag im neuen Heim an die Erziehungsarbeit weiterführen, die die Mutterhündin im Welpenrudel begonnen hat. Er hat es in der Hand, ob aus dem Fellknäuel ein angenehmer Begleiter oder ein Haustyrann wird. (»Anouschka vom Luchshohl«) Foto: Meier/Reiter

Der Hovawart will mit Fingerspitzengefühl erzogen werden. Man muß seine Persönlichkeit respektieren und sich in seine Denkwelt hineinversetzen. (»Abraxas vom Luchshohl«) Foto: Kerl

Sie können sehr viel bei der Mutterhündin abschauen, die mit einem dumpfen Grollen die Vorwitzigen zur Raison ruft. Foto: Kerl

Richten Sie sich darauf ein, daß der Hovawart einen starken Charakter hat und Sie besonders beim Welpen nicht damit rechnen können, daß er sich von Ihren Tabus stark beeindruckt zeigt. Konsequenz ist ein Muß! Das heißt aber nicht, daß Sie ständig streng mit ihm umgehen sollten, sondern nur, wenn es wirklich angemessen ist. Hund und Mensch soll das Miteinander vor allem Freude machen. Foto: Kerl

Damit der Welpe keinen Grund hat, Sie anzuspringen, sollten Sie in die Hocke gehen. Sie können den Kopf auch abwenden, werden aber merken, daß er es wirklich auf Ihren Mund abgesehen hat (bei entwurmten Hunden ist es kein Dilemma, etwas am Ohr oder an der Wange geleckt zu werden; es muß ja nicht direkt auf die Lippen sein).
Begrüßen Sie ihn kurz und lenken Sie ihn dann mit einem Spielzeug – vorzugsweise einem Lappen – zum Hineinbeißen oder Apportieren ab, damit er seine freudige Aufgeregtheit abreagieren kann. Loben Sie ihn aber nie durch freundliches Streicheln, *während* er Sie anspringt, denn der Hund verknüpft dann falsch, Sie fänden Anspringen wunderbar! Setzen Sie seine Pfoten stattdessen energisch nach unten und sagen Sie in energischem Tonfall »Nein!«. Das Problem ist, daß man in Gartenkleidung das Anspringen eigentlich ganz rührend findet, im Opernkleid aber nicht. Entscheiden Sie sich!

Vielfältige Erfahrungen ermöglichen

Besonders wichtig ist es, in den nun folgenden Wochen, sobald der Impfschutz voll ausgebildet ist, den jungen Hovawart vielfältige Umwelterfahrungen sammeln zu lassen und ihn dabei zu begleiten. Doch bitte beachten Sie: Er soll gefordert, jedoch nicht *über*fordert werden!
Interessanterweise sind es oft die Hovawarte mit anscheinend optimalen Haltungsbedingungen, die bei Wesensprüfungen ängstlich reagieren: Hunde von großen Anwesen jenseits des städtischen Trubels, die zuwenig an Neues herangeführt wurden (Kaspar-Hauser-Effekt).
Zeigen Sie dem Welpen die Welt! Nehmen Sie ihn mit, wenn Sie eingeladen werden, fahren Sie mit ihm Auto, Fahrstuhl, Schiff, Zug und Bus, wenn sich die Gelegenheit bietet. Gehen Sie mit ihm in die City, ins Café, in den Zoo, ins Park-

haus, in Geschäfte, in den Wald und zum Reitplatz. Gehen Sie über Brücken und durch Unterführungen, zeigen Sie ihm Ihre Stadt – auch des nachts. Schaffen Sie dem Hund Anreize für alle Sinne!
Es wird nötig sein, den Junghund zu seinem Schutz bei den Ausflügen in die Zivilisation anzuleinen. Achten Sie darauf, daß der Hund ein Halsband trägt, aus dem er nicht herausschlüpfen kann, wenn er sich erschrecken sollte. Auch wenn es schwerfällt: Sollte der Welpe ängstlich reagieren, dürfen Sie ihn keineswegs trösten. Weidt nannte dies den »Lohn der Angst« (1996) – ungewollt wird die Unsicherheit verstärkt statt überwunden. Machen Sie den jungen Hovawart mit vielen netten Menschen unterschiedlichsten Alters bekannt, und: Sorgen Sie für Kontakt mit geimpften Artgenossen!

Prägungspieltage nach Weidt

Nach der Abgabe wird der Welpe aus dem sozialen Gefüge seiner Wurfgemeinschaft herausgerissen und vom innerartlichen Spiel isoliert, wenn er nicht Artgenossen im neuen Zuhause vorfindet. Heinz Weidt entwarf und etablierte federführend in den letzten 15 Jahren das Konzept der Prägungsspieltage (PST), einer angeleiteten Verhaltensschule für Hund und Mensch, um die so entstandene verhaltensbiologische Lücke zu schließen.
Ziel der PST ist es, Welpen des etwa gleichen Lebensalters und der etwa gleichen Konstitution in einem buchstäblich reizvollen Umfeld soziale Erfahrungen mit Artgenossen zu ermöglichen (siehe Weidt/Berlowitz 1994 und 1996). Wer als Hovawartbesitzer die Möglichkeit hat, mit seinem Welpen an derartigen Veranstaltungen teilzunehmen, sollte sie unbedingt nutzen.
Wenn keine adäquaten vierbeinigen Partner vorhanden sind, wird der Welpe nach Ventilen für

Lenken Sie die Aufmerksamkeit ganz auf sich, und schaffen Sie ein unsichtbares, vertrauensvolles Band der Verständigung. Foto: Sander

die überschäumende Energie suchen – meist muß dann die Einrichtung herhalten. Ein Ersatz für die Begegnung mit anderen Hunden ist dieses Abreagieren jedoch nicht. Man sollte nach geeigneten Spielpartnern für den jungen Hova-

Die Lust, sich im Spiel auseinanderzusetzen, zu rangeln, die Reaktionen des Sozialpartners auszutesten und die Körperkräfte zu erproben, ist beim temperamentvollen jungen Hovawart (hier »Anouschka vom Luchshohl«, genannt »Celtic«, 5 Monate alt) sehr ausgeprägt. Foto: Meier

Bei der Schutzhundausbildung bilden Unterordnung, Schutzdienst und die Fährtenarbeit je einen Prüfungsteil in den Schwierigkeitsstufen SchH I, II und III. »Dorian vom Ritterhaus« auf der Bundesleistungssiegerprüfung 1994. Foto: RZV

wart Ausschau halten, damit er sein Verhaltensrepertoir voll entwickeln und die arteigenen Rituale einüben kann.

Hundeplatz – ein notwendiges Übel?

Egal, ob man nun Anhänger der Schutzhundausbildung ist oder nicht – der Hovawart muß genügend beschäftigt werden, er will »arbeiten« und eine Aufgabe haben. Viele Verhaltensprobleme ließen sich im Ansatz vermeiden, wenn die Hunde mehr Gelegenheit bekämen, ihre Bedürfnisse und ihre Energie in erlaubter Weise auszuleben. Außerdem hat man als Hovawartbesitzer nicht nur Pflichten dem Hund, sondern auch der zunehmend hundeskeptischen Umwelt gegenüber. Ein so großer Hund wie der Hovawart muß von uns zuverlässig kontrolliert werden können. Und das ist ohne eine gründliche Gehorsamsausbildung kaum möglich.

Hovawart-Hündin »Aika ut'n Busch« macht der Reifensprung in der Hindernisbahn sichtlich Spaß. Foto: Sander

Anfängern sei auf jeden Fall der Besuch eines guten Hundeplatzes ans Herz gelegt. Abgesehen davon, daß man hier Gleichgesinnte trifft und die Hunde Sozialkontakte knüpfen können: Auf dem Hundeplatz lernen Besitzer und Hovawart *zusammen*, sich unter Ablenkung zu konzentrieren und werden von erfahreren Ausbildern beim Üben begleitet. Das Arbeiten stärkt die Verständigung und das unsichtbare Band zwischen Hund und Mensch enorm. Erstes Ziel dieser Ausbildung kann z. B. die Begleithundprüfung sein. Wer seinem agilen Hovawart einen großen Gefallen tun will, peilt den Hundesport mit ihm an, der heute in vielen Facetten angeboten wird. Auch für Agility und Turnierhundesport, bei denen es auf Führigkeit, Wendigkeit und Geschwindigkeit ankommt, stellt die gründliche Gehorsamsausbildung eine notwendige Grund-

Ein gut geführter Hovawart ist nicht nur mit Freude bei der Sache, sondern regelrecht mit Begeisterung! Foto: RZV

Für jede Art der Ausbildung ist es wichtig, über das HD-Ergebnis Bescheid zu wissen, da es darüber entscheiden sollte, wie stark der Hund etwa durch Sprünge belastet werden darf. Junghunde baut man vorsichtig Schritt für Schritt auf: Der Hovawart ist bei aller Eignung kein Sportgerät! Foto: RZV

lage dar. Agility besteht aus der Überwindung eines schwierigen Hindernisparcours. Beim Turnierhundesport bildet der Geländelauf mit dem Hund eine Teilprüfung (2000 und 5000 Meter), weitere sind die Unterordnung, der Slalom-, der Hürden- und der Hindernislauf. Hier kann der Hovawart sein Bewegungsbedürfnis voll ausleben.

Wer verantwortungsbewußt Schutzdienst betreiben will, sollte sich Figuranten suchen, die sich mit den Eigenarten des Hovawartes auskennen und nicht die Erfahrungen mit anderen Rassen unreflektiert auf ihn übertragen.

In der Ausbildung hat der Hovawart oft seinen eigenen Kopf und muß durch motivierendes, abwechslungsreiches Training bei Laune gehalten werden. Nichts ermüdet ihn so schnell, wie Langeweile! Wird zuviel Druck ausgeübt, ist es ebenfalls mit dem freudigen Gehorchen bald vorbei.

Wer sich hier weiter informieren möchte, dem sei das hervorragende Standardwerk des Hovawartausbilders Paul Kufner »Ausbildungspraxis in Wort und Bild« ans Herz gelegt (siehe Anhang).

Der Hovawart verfügt über eine hervorragende Nasenveranlagung und kann auch zum Fährtenhund (FH) ausgebildet werden. Um zur Prüfung zugelassen zu werden, muß der Hund die Begleithundprüfung bestanden haben. Hin und wieder sieht man auch Hovawarte in Rettungshundestaffeln. Die Ausdauerprüfung (20 km am Rad mit tierärztlicher Kontrolle) ist für einen gesunden, ausgewachsenen, gut trainierten Hovawart ebenfalls kein Problem. Er ist eben ein Allroundtalent!

Die Grunderziehung

Text und Bilder von Urs Ochsenbein

Für den Hovawart, der aus dem Welpenzwinger zu uns gekommen ist, wirkt alles, was er nun vorfindet, neu und beeindruckt ihn stark. Deshalb beschränken wir uns darauf, die nötigsten Tabus zu setzen. Das heißt, wir geben ihm zu merken, was er tun darf und was nicht.
Wann aber sollten wir – darüber hinausgehend – mit der eigentlichen Erziehung beginnen? Grundsätzlich dann, wenn sich zwischen uns und dem jungen Tier eine genügend starke Bindung ergeben hat. Ein Anhaltspunkt dafür ist, wenn der kleine Hund uns beim Spazieren aus eigenem Antrieb gut nachfolgt. Natürlich wird er bei Ablenkungen wie spielenden Hunden, verlockenden Gerüchen oder andersartigen Tieren noch zurückbleiben oder vorprellen. Dort aber, wo nichts Derartiges ihn reizt, und er sich immer wieder uns anschließt, ohne daß wir ihn gerufen haben, ist dies ein untrügliches Zeichen, daß sich seine Beziehung zu uns gefestigt hat. Jetzt können wir mit der grundlegenden Erziehung beginnen, ohne ihn zu überfordern. Dazu gehört vor allem das Herbeirufen.
Damit sollten wir aber nicht anfangen, weil sowohl uns als auch dem Hund noch einige Vorkenntnisse fehlen. Um diese zu erwerben, fangen wir mit den einfacheren Übungen an, wie sie im folgenden beschrieben werden. Es geht für uns darum, zu lernen, wie man sich mit dem Hund verständigen kann. So erhalten wir Einblick in die Art des hundlichen Lernens und erkennen das im Vergleich zum Menschen – auch zum Kind – begrenzte Auffassungsvermögen des Hundes.

Die vier Grundübungen

1. Gehen und Wenden

Wir wählen dazu einen Weg, noch besser einen Waldweg. Dort bewegen wir uns mit dem angeleinten Hund zügig ausschreitend. Üben wir auf freiem Feld, gehen wir auf markante Zielpunkte zu, damit wir uns gradlinig fortbewegen. Das ist wichtig, weil dadurch das Raumgefühl des Hundes angesprochen wird. Die Wendung erfolgt stets rechtsumkehrt, und sie wird nicht im Bogen, sondern auf einem Punkt durchgeführt.
Die Leine wird am äußersten Ende mit der rechten Hand gehalten, der Hund befindet sich an unserer linken Seite. So wird er bei der Wendung mitgenommen. Diese erfolgt jeweils nach etwa 15 bis 20 Metern und wird mehrmals wiederholt. Bei diesem Hin- und Hergehen bleiben wir stumm, damit sich der Hund an unserer Bewegungsweise orientiert und uns bald von selbst nachfolgt. Nach einigen Wendungen wird der Hund merklich aufmerksamer und gefügiger an unserer Seite gehen. Jetzt brechen wir die Übung ab und loben den Hund.
Jede weitere Grundübung wird mit dem Gehen und Wenden eingeleitet.

2. Gehen, Anhalten und Setzen

Geht der Hund im Laufe der ersten Übung gut an unserer Seite, wobei die Leine locker durchhängt, leiten wir diese zweite Übung ein, indem wir die Leine mit der linken Hand senkrecht anheben, dabei aber im gleichen Tempo einige

(1) Die erste Grundübung besteht im geradlinigen Hin- und Hergehen. Gewendet wird jeweils auf einem Punkt.

(2) Folgt der Hund gut an locker durchhängender Leine, wird diese mit der linken Hand senkrecht angehoben, wobei wir noch einige Meter im gleichen Tempo weitergehen.

(3) Dann wird der Schritt bis zum Stillstand verlangsamt. Die meisten Hunde setzen sich daraufhin. Tun sie es nicht, helfen wir ihnen, in Sitzposition zu gelangen, wie es im vorausgegangenen Text unter Punkt 2 beschrieben ist.

(4) Bis jetzt blieb die Leine mit stets gleichbleibender Spannung angehoben. Nun wird sie sachte gesenkt, wobei wir zugleich gedehnt und einfühlsam das Hörzeichen »Siiitz« geben.

(5) Es folgt eine Pause von mindestens zwei Sekunden, womit dem Hund Zeit gegeben wird, sich in die Sitzposition einzufühlen.

(6) So verknüpft der Hund das nachfolgende Lob (ruhiges Auflegen der Hand auf den Kopf) mit dem vorausgegangenen Sichsetzen.

Meter weitergehen und danach den Schritt verlangsamen bis zum Stillstand.
Da der Hund im Halsband etwas angehoben wurde, setzt er sich oft selbst. Tut er es nicht, bleibt die Leine straff gespannt und wird von der rechten Hand übernommen.
Mit der linken Hand wird nun die Kruppe des Hundes angetippt, bis er sich setzt. Hat sich der Hund gesetzt, richten wir uns auf und warten entspannt etwa zwei Sekunden, bevor wir gedehnt »Siiiitz« sagen und dabei die Leine sachte senken. Nach einer weiteren Pause, die wir entspannt neben dem Hund stehend verbringen, loben wir den Hund kurz. Hebt er dabei ab, sagen wir in ruhigem Ton »Nein«, wonach wir den Hund erneut wie oben beschrieben zum Sitzen bringen.
Nun wird wiederum eine Pause eingelegt, bevor wir nach einem ruhig gesprochenen »Komm« uns mit dem Hund in Bewegung setzen. Oder wir leinen ihn ab, richten uns auf, warten zwei Sekunden und ermuntern dann den Hund zum Freilaufen. Dabei wird man noch unerfahrene Hunde nach dem Lösen der Leine anfangs noch am Halsband festhalten.
Schräges sich Hinsetzen des Hundes korrigiert man erst, wenn sich der Hund schon etwas an die Übung gewöhnt hat. Die Leine bleibt dann ebenfalls straff angehoben und wird von der rechten Hand übernommen. Mit der linken Hand schieben wir den Hund an unsere Seite, richten uns auf und legen die obligate Pause ein, bevor wir die Übung zu Ende führen.
Sobald der Hund nach dem Gehen und Anhalten sicher zu sitzen pflegt, gehen wir zur dritten Grundübung, dem Bleiben, über. Anhalten und Setzen können oft geübt werden, am wirksamsten ist dies bei der Anwendung in der Alltagspraxis. So bei einem Straßenübergang oder zu Beginn und am Ende einer Treppe.

3. Bleiben

Mit der zweiten Grundübung haben wir den Hund neben uns zum Sitzen gebracht. Dies ist die Ausgangsposition.
Nach einer Pause halten wir dem Hund unsere linke Handfläche vor den Kopf und sagen gleichzeitig ruhig (nicht im Befehlston) »Bleib«. Sogleich nehmen wir die Hand wieder weg und warten aufgerichtet und entspannt zwei Sekunden.
Danach treten wir entschlossen vor den Hund. Bleibt er nicht sitzen, sagen wir ruhig »Nein«, bringen den Hund wieder gemäß der zweiten Grundübung zum Sitzen, wobei wir an derselben Stelle stehen wie zu Anfang. Danach beginnen wir die Bleibübung von vorn.
Bleibt der Hund jedoch sitzen, nachdem wir vor ihn getreten sind, warten wir entspannt, wobei wir zuerst nur wenige Sekunden verweilen, später aber länger. Es ist dies die Wartephase, auf die es am Ende ankommt. Wir blicken in dieser Position den Hund nicht an. Wenn er sich hinlegt, reagieren wir nicht. Während den Grundübungen wird überhaupt kein Unterschied zwischen dem Sitzen und Liegen des Hundes gemacht, er muß nur bleiben.

---

① *Man hat mit der Übung »Gehen, Wenden, Anhalten, Setzen« begonnen. Nun halten wir die geschlossene Handfläche vor den Kopf des Hundes, wobei wir ruhig »Bleib« sagen. Sogleich wird die Hand wieder zurückgenommen.*

② *Damit der Hund rasch lernt, braucht er Zeit. Deshalb verweilen wir etwa zwei Sekunden entspannt neben ihm, bevor wir die Bleibübung fortsetzen.*

③ *Nun treten wir entschlossen (nicht zögernd) vor den Hund. Folgt er uns, hört er unser ruhig gesprochenes »Nein«, wonach wir die Übung ganz von vorn neu beginnen. Sie beginnt wiederum mit dem exakt durchgeführten Bringen in Sitzposition.*

④ *Die Wartephase kann später nach Belieben ausgedehnt werden, sollte jedoch zu Anfang nicht mehr als zehn Sekunden betragen. Wichtig ist, daß wir dabei entspannt und bewegungslos verweilen und den Hund nicht anschauen.*

1

2

3

4

5

6

7

8

Sollte der Hund jedoch während der Wartephase abheben und zu uns kommen oder auch nur stehenbleiben, gehen wir in die Ausgangsposition zurück und beginnen die Arbeit ganz von vorn. Grundsätzlich soll der Hund nie während der Bleibübung korrigiert werden, es wird bei jedem Fehler neu damit begonnen. Damit fügen sich für den Hund die einzelnen Handlungsteile zu einem Ganzen zusammen, das ihm fast zum Ritual wird. So erlangt er eine große Sicherheit in der Durchführung.
Bevor wir nun zum Hund zurücktreten, halten wir ihm die Handfläche erneut vor den Kopf und sagen gleichzeitig, aber nur solange die Hand vorn bleibt, »Bleib«. Nach der obligaten Pause von zwei Sekunden treten wir dann zu ihm zurück, bleiben jedoch noch aufgerichtet und entspannt stehen. Erst danach wird der Hund kurz mit »Brav Bleib« gelobt. Es ist sehr wichtig, daß nun wiederum eine Pause erfolgt, weil sonst der Hund das Lob sehr rasch als das Zeichen auffaßt, daß die Arbeit beendet sei und er sich frei bewegen dürfe.
Der Hund hat also nach dem Lob am Ende der Bleibübung noch eine Weile neben uns zu sitzen, bevor wir ihn dann entweder zum Mitkommen oder zum Freilaufen ermuntern, dies genauso, wie es am Ende der zweiten Grundübung beschrieben ist.

---

⑤ *Jetzt geben wir erneut in ruhigem Ton und verbunden mit dem Sichtzeichen der Hand das Hörzeichen »Bleib«.*

⑥ *Danach erfolgt die für den Hund verständnisförderne obligate Pause von zwei Sekunden.*

⑦ *Erst jetzt treten wir entschlossen an die Seite des Hundes zurück.*

⑧ *Ruhig warten wir zwei Sekunden, bevor wir den Hund mit kurzem Handauflegen und dem Hörzeichen »Brav bleib« loben. Wichtig ist, daß wir die obligate Pause danach erneut einlegen, bevor wir unter »Komm« weitergehen. So lernt nämlich der Hund rasch, daß er dieses »Komm« in Ruhe abzuwarten hat.*

Bemerkungen

Bei der Bleibübung lernt nicht nur der Hund, sondern ebenso sein Besitzer, was eigentlich der Begriff Konsequenz bedeutet. Beide haben sich nämlich an eine sich stets gleichbleibende Handlungsfolge zu halten. Dieses miteinander Lernen fördert die gegenseitige Verständigung zwischen Meister und Hunde in überraschender Weise. Aber es belastet den Hund stark, weshalb die Bleibübung zu Anfang nie länger als fünf Minuten dauern sollte.
Es gibt Hunde, die sehr schnell merken, was hier von ihnen verlangt wird, aber auch solche, die mehrmals unerwünscht reagieren, indem sie beim Vortreten des Besitzers mitgehen. Das darf nun den Besitzer nicht aus der Ruhe bringen und ärgerlich oder gar böse stimmen. Damit würde er den Hund nur verwirren und vom Lernprozeß ablenken. Sein Vorgehen wie seine Stimmung sollen sich stets gleich bleiben, auch wenn es zu Anfang einiger Wiederholungen bedarf, bis der Hund gemerkt hat, was man von ihm verlangt, und es nun auch mit großer Sicherheit ausführt.
Am besten faßt der Besitzer die Bleibübung als Entspannungsübung für sich selbst auf. Dann wird er sich über die Fehler des Hundes nicht ärgern, sondern in aller Ruhe das Hörzeichen »Nein« sprechen und die Übung von vorn beginnen. Wie die Erfahrung immer wieder zeigt, erlangt der Besitzer durch dieses, sein konsequentes Verhalten zunehmend Einfluß auf den Hund. Im Hund dagegen wächst das Vertrauen zum Chef. Selbst sehr temperamentvolle Hunde sind auf diese Weise unter Kontrolle zu bringen. Voraussetzung bleibt freilich, daß die Grundübungen mit ihren Pausen und Handlungsteilen exakt durchgeführt werden.
Bei der Erziehung und Ausbildung eines Hundes geht es eben nicht darum, möglichst viel und

rasch zu lernen. Im Gegenteil, der Erfolg tritt dann bald ein, wenn wenig verlangt aber exakt geübt wird. Der Hund braucht Zeit, um rasch zu lernen.

4. Das Herbeikommen

Das Gelingen dieser Übung hängt ebenfalls vom konzentrierten und stets gleichförmig bleibenden Vorgehen des Besitzers ab. Wer hier flüchtig arbeitet, sollte es lieber bleiben lassen. Bemüht man sich jedoch, genau zu sein, bleibt der Erfolg nicht aus. Hat der Besitzer gelernt, wie er sich verhalten muß, damit der Hund merkt, was von ihm verlangt wird, wird dieser sich bald einmal sicher herbeirufen lassen.

Wir arbeiten mit einer Hilfsperson, die dem Hund nicht allzu vertraut sein sollte. Am besten suchen wir uns eine Stelle aus, die kanalisierend wirkt, also einen Waldweg oder ein Sträßchen zwischen Böschungen. Der Ort sollte wenig Ablenkung bieten und nicht stark begangen sein.

Die Hilfsperson hält den Hund zurück, während wir uns wortlos auf etwa 20 bis 30 Meter entfernen. Die Leine führen wir umgehängt oder in der Tasche mit. Wir halten an und wenden uns in Richtung Hund um. Bewegungslos stehenbleibend zählen wir langsam auf zwanzig. Auf unser stets nur einmal zu gebendes »Komm« gibt die Hilfsperson den Hund frei. Er eilt auf uns zu. Bis jetzt sind wir bewegungslos stehen geblieben, auch als wir gerufen haben, und das tun wir weiterhin. Dies selbst dann, wenn der Hund an uns vorbeirennt. In den meisten Fällen wendet sich der Hund uns wieder zu. Ist er in greifbarer Nähe, erfassen wir ihn am Halsband, heben es an und bringen den Hund wie bei der Grundübung 2 (Setzen) an unserer linken Seite in Sitzstellung. Danach senken wir das angehobene Halsband unter dem Hörzeichen »Siiitz«. Es ist dies das erste Wort, das er von uns hört. Danach richten wir uns auf und bleiben entspannt neben dem Hund stehen. Hebt er ab, bringen wir ihn wie zuvor zum Sitzen. Erst nach dieser sehr wichtigen Pause loben wir den Hund mit »Brav Komm«, worauf wir uns wiederum aufrichten. Der Hund wird somit nicht für das Herbeikommen, sondern für das ruhig neben uns Sitzenbleiben gelobt. Diese Position wird für ihn zu einer erwünschten Endstellung, die er beim Ertönen des Rufes bald einmal gerne und sicher einnehmen wird.

Nach einer weiteren Pause leinen wir den Hund an. Auch dabei hat er sitzen zu bleiben. Tut er es nicht, korrigieren wir ihn wie zuvor.

Erst nach einer weiteren Pause ermuntern wir den Hund mit »Komm« zum Weitergehen. Wir können ihn aber auch ableinen und erst nach einer nochmaligen Pause zum Freilaufen auffordern.

Üben auf dem Spaziergang

Sobald der Hund auf diese Weise mit dem Rufzeichen vertraut wurde, indem ihm bekannt ist, daß er es mit der Endposition neben der Bezugsperson zu verknüpfen hat, können wir die Übung wie folgt auf unseren Spaziergängen durchführen:

Hat sich der Hund etwas entfernt, bleiben wir stehen und rufen ihn mit einem einmaligen »Komm« oder »Hier«. Reagiert er erwünscht, helfen wir ihm, seinen Platz neben uns korrekt einzunehmen. Dann richten wir uns auf und loben ihn nach der obligaten Pause. Nach einer weiteren Pause fordern wir ihn wieder zum Freilaufen auf, sofern wir ihn nicht an die Leine nehmen wollen.

Kommt er jedoch auf unseren einmaligen Ruf nicht herbei, verändern wir unseren Standort seitwärts um 10 bis 20 m, bevor wir ein zweitesmal rufen. Dies veranlaßt den Hund in der Regel, nun doch herbeizukommen.

Hat man die Grundübung »Herbeikommen« wirklich exakt geübt, wird der Hund so zu einem sicheren Herbeikommen gebracht. Voraussetzung ist freilich, daß wir den Hund unterwegs stets nur dann rufen, wenn wir bereit sind, ihn wirklich korrekt links neben uns in Sitzstellung zu bringen. Lassen wir ihn jedoch nur in unsere Nähe kommen, ohne ihn in die Endposition zu bringen, wird der Hund bald einmal unseren Ruf nicht mehr ernst nehmen.

Wortlos entfernt sich die Besitzerin ...

... und stellt sich in einer Distanz von 20 bis 30 m auf. Hier verweilt sie entspannt und bewegungslos, wobei sie langsam auf zwanzig zählt. Danach ruft sie den Hund klar und kurz, aber nur einmal.

Der Hund eilt interessiert zur bewegungslos verharrenden Bezugsperson.

Ist er nahe genug herbeigekommen, faßt man ihn am Halsband und bringt ihn wie zuvor bei der Übung »Anhalten und Setzen« in die erwünschte Schlußposition.

Um dem Hund Zeit zu geben, sich in die Endposition des Herbeirufens einzufühlen, schaltet man die obligate Pause von zwei Sekunden ein.

Danach wird er unter »Brav Komm« und dem Auflegen der Hand kurz gelobt.

Erst jetzt leint man den Hund an.

Erneut wird die obligate Pause eingelegt, bevor man weitergeht unter »Komm«. So merkt sich der Hund, daß die Übung erst nach dem »Komm« zu Ende ist.

Der Hovawart auf Ausstellungen

Der Sinn kynologischer Wettbewerbe

Der Hovawart ist (zum Glück) kein als solcher gezüchteter »Showhund«, und Titel und Pokale haben nicht den Stellenwert wie bei der (von Genetikern scharf kritisierten) Championzucht anderer Rassen. Trotzdem sind Ausstellungen für die Hovawartzucht im Ganzen absolut wichtig. Hier wird nämlich Ihr Hund auf sein Aussehen und auf sein Wesen hin geprüft (ein ängstlicher oder aggressiver Hund im Ring bekommt entweder eine schlechte oder gar keine Bewertung) – was wieder Rückschlüsse auf die Vererbung der Elterntiere erlaubt. Für jeden Züchter ist es eine echte Katastrophe, wenn die Welpenkäufer nicht mitziehen und der vielversprechende Nachwuchs nach der Abgabe für immer von der Bildfläche verschwindet! Nur wenn man die Nachzucht auf solchen Veranstaltungen sieht, bewertet und daraus Konsequenzen zieht, kann man züchterisch dafür sorgen, daß auch in 10 oder 20 Jahren Hovawarte so aussehen und so wesenssicher sind wie heute.

Ausstellungen sind Informations- und Kontaktbörsen: Züchter treffen ihresgleichen oder ihre Welpenkäufer samt Hund, und Interessenten kommen mit Haltern ins Gespräch. Die Termine folgender Veranstaltungen können Sie entweder von den Hovawartvereinen erfahren oder den Mitteilungsblättern der Dachverbände entnehmen. (Aufgepaßt: Auf Schauen der FCI-angeschlossenen Verbände wie VDH, SKG und ÖKV, sind nur Hunde mit FCI-Ahnentafeln zugelassen!)

Ausstellen familiär: Spezialzuchtschauen (CAC)

Auf Spezialzuchtschauen trifft man (meist) nur Hunde einer Rasse, entsprechend übersichtlich sind die Meldezahlen. Die Spezialzuchtschauen sind für Neulinge sehr geeignet, da alles recht geruhsam und ohne Hallenstreß zugeht. Die Schau findet unter freiem Himmel auf einem Hundeplatz mit abgesteckten Ringen statt. Veranstalter sind die jeweiligen Hovawartvereine, bei denen man seinen Hund auch meldet und die Meldegebühr entrichtet.

Jeder Aussteller bekommt einen Richterbericht, in dem der vorgestellte Hovawart in Anlehnung an den Rassestandard beschrieben wird. Zu gewinnen gibt es neben Urkunden und Pokalen für die besten Hovawarte Anwartschaften auf den Titel »Nationaler Schönheits-Champion« und (in Deutschland) auf den VDH-Championtitel. Das CAC steht für »Certificat d'Aptitude au Championat«. Wie auch bei den großen internationalen Ausstellungen wird zum Abschluß der Schau der schönste Hund der Rasse (Best of Breed = BOB) ermittelt.

Ausstellen im großen Stil: Internationale Rassehundzuchtschauen (CACIB)

Hier können Sie sehen, was die Hundewelt zu bieten hat, denn (theoretisch) alle von der FCI anerkannten Rassen stellen sich an zwei bzw. drei Tagen unter Hallendächern in ganz Europa den strengen Richteraugen. Die größten CACIB-Ausstellungen auf deutschem Boden sind die

Europasiegerzuchtschau im Frühjahr und die Bundessiegerzuchtschau im Herbst jeden Jahres – beide werden in den Dortmunder Westfalenhallen durchgeführt. Zu sehen sind hier jeweils etwa 6000 Hunde! Jeweils ein Verein ist zuständig für die Sonderschau seiner Rasse.
Zu gewinnen gibt es Anwartschaften auf die Titel »Nationaler-« und »VDH-Champion« sowie auf den Internationalen Championtitel, für den das CACIB steht. Das Kürzel ist die Abkürzung für »Certificat d'Aptitude au Championat International de Beauté«. Die Sieger der Offenen-, der Gebrauchshund- und der Siegerklasse stechen um die Anwartschaften sowie um das Best of Breed (BOB).
Das Großereignis jedes Jahres ist die Welthundeausstellung, die zuletzt in Wien/Budapest (1996) stattfand. Hier winkt jeder Rasse außerdem der Titel »Weltsieger«. Die schönsten Hunde jeder Rasse stechen abschließend um den Sieg in ihrer FCI-Gruppe, dann um den Tagessieg und schließlich am letzten Tag um das »Best in Show« (BIS).

In welchen Klassen kann man melden?
Wichtigstes Kriterium ist vor allem das Alter Ihres Hundes. Sie können Ihren Hovawart melden in der **Jüngstenklasse** (6 bis 9 Monate), der **Jugendklasse** (9 bis 18 Monate) und der **Offenen Klasse** (ab 15 Monate ohne Ausbildungskennzeichen = Schutzhundprüfung) oder in der **Gebrauchshundklasse** (ab 15 Monaten mit Ausbildungskennzeichen). Wer weiß – vielleicht auch eines Tages in der **Championklasse** (ab 15 Monate mit Siegertitel)? Außerdem gibt es noch die **Veteranenklasse** (ab 8 Jahre), die **Champion-Ehrenklasse** ohne Formwertnote, **Zuchtgruppen** (drei oder mehr mit mindestens »Gut« bewertete Hunde aus einem Zwinger) und auf großen Ausstellungen den **Paarklassenwettbewerb** (Rüde und Hündin im Besitz *eines* Ausstellers).

Ring frei für den Hovawart!
Zu jeder Ausstellung muß man die Meldebestätigung und die Ahnentafel mitbringen sowie den Nachweis über eine Hundehalterhaftpflichtversicherung. Außerdem unbedingt den Impfausweis, denn es dürfen nur Hunde teilnehmen, die nachweislich gegen Tollwut geimpft sind (die Impfung darf nicht jünger als vier Wochen und nicht älter als ein Jahr sein). Am Ring holt man sich seine Startnummer vom Richtertisch und gibt die Ahnentafel ab, die man später mit dem Eintrag der Formwertnote und dem Richterbericht zurückbekommt.
Was will der Richter sehen, wenn die eigene Klasse aufgerufen wird? Neben der Vorführung des Gangwerkes im Kreis sowohl in der Gruppe als auch einzeln, interessieren ihn: Gebäude und Anatomie, das Gebiß (seine Vollständigkeit und die Korrektheit des Zahnschlusses werden kontrolliert), die Rute (Länge im Stand, Knickrute?), der Ernährungszustand, Ohrenansatz und -haltung, die Fellfarbe und -struktur, die Muskulatur, die Festigkeit des Rückens, Farbe von Augen und Pigment, beim Rüden die Hoden und natürlich das Wesen beider Geschlechter, das ebenfalls im Richterbericht erwähnt wird.
Wünschenswert und oft ausschlaggebend für eine gute Bewertung ist eine gelungene Ringdressur: Der Hovawart sollte zu unserer Linken an locker durchhängender Leine in flüssigem Trab vorgeführt werden, weder in dieselbe beissen, noch wie ein Gummiball auf- und abhüp-

»Anis vom Luchshohl«, eine vielversprechende fünf Monate alte blonde Junghündin. Foto: Kerl

Blonde Junghündin »Brenda vom Wideneck«. HC-Clubjugendsiegerin 1993. Foto: Kerl

fen, Hunde vor und hinter sich nicht anbrüllen, nicht in den Paßgang fallen und ruhig stehen können.

Formwertnoten und Plazierungen
Folgende sogenannten Formwertnoten werden verteilt: **Vorzüglich** (kommt dem Idealstandard nahe), **sehr gut** (besitzt typische Merkmale seiner Rasse), **gut** (besitzt Hauptmerkmale seiner Rasse), **genügend** (entspricht dem Rassetyp genügend) und **nicht genügend** (entspricht nicht dem im Standard vorgeschriebenen Typ, zeigt sich aggressiv, hat Kieferanomalien, Hodenfehler, eine Fehlfarbe usw.). **»Ohne Bewertung«** müssen Hunde den Ring verlassen, die die Hoden-, Ruten- oder Gebißkontrolle nicht zulassen usw.

Ein mit »Vorzüglich« bewerteter Hovawart muß in ausgezeichneter Verfassung vorgeführt werden, »Klasse« haben und ein harmonisches Wesen ausstrahlen. Ein sehr guter Hund muß ausgeglichen proportioniert sein und darf verzeihliche Fehler haben, die jedoch nicht morphologischer Art sein dürfen. In jeder Klasse werden die vier besten Hunde nach einem Stechen plaziert, so daß die Endwertung etwa Vorzüglich 1, Vorzüglich 2, Vorzüglich 3 und Sehr gut 4 lauten kann.

Bewertungen nicht verbissen sehen
Auch das Wesen, die Ausstrahlung, die Bewegung, der Typ spielen bei der Bewertung eine Rolle. Es gibt übrigens kleine Tricks für die Präsentation, die man beachten sollte: Dunkle Hovawarte führt man in heller Kleidung vor, helle in dunkler. Ein Kettenhalsband (nicht auf Zug gestellt) sieht im Ring besser aus als ein Lederhalsband. Und: bei Schauen im Freien stellt man den Hund nie so vor den Richter, daß dem Hovawart das Sonnenlicht ins Auge fällt, denn dann sieht dieses viel heller aus als es eigentlich ist..

Übrigens: Selbst Weltsieger sind nicht makellos. Es gibt Hunde, die in ihrer Ausstellungskarriere von »Gut« bis zum CACIB schon alles kassierten. Ein halbes Jahr später nach dem Haarwechsel, etwas zu- oder abgenommen (der Hund, nicht sein Aussteller!), bei einem anderen Richter, in einer anderen Altersklasse, mit anderer Konkurrenz – da kann die Sache schon ganz anders aussehen. Wer nicht gut »verlieren« kann, sollte sich von Hundeausstellungen besser fernhalten. Der eigene Hund bleibt immer liebenswert – auch, wenn er *kein* Champion ist.

Mit dem Hovawart züchten

Züchten – ja oder nein?
Immer wieder als Grund für ein Zuchtvorhaben vorgetragen wird das Argument, es sei für eine Hündin bzw. einen Rüden gesünder, mindestens einmal Welpen geworfen bzw. gezeugt zu haben. Vom tiermedizinischen Standpunkt aus läßt sich dies nicht erhärten. Auch Hündinnen, die nie warfen und Rüden, die nie deckten, können sich bis ins hohe Alter bester Gesundheit erfreuen. Im Wildhund- oder Wolfsrudel pflanzen sich auch nur die Alphatiere fort! Wenn jedoch alle Umstände stimmen und die Hündin die Zuchtanforderungen erfüllt, ist es für jeden Hovawartliebhaber ein unbeschreibliches Erlebnis, mit ihr zusammen einen oder mehrere Würfe großzuziehen.

Welche Vorbedingungen müssen beim Hovawart-Züchten unter dem Dach des VDH erfüllt sein?

Zuchtvoraussetzungen: die Hunde
Rüde und Hündin müssen mindestens 24 Monate und die Hündin höchstens 8 Jahre alt sein (Höchstalter für den 1. Wurf im HC 5 Jahre, da sich danach Geburtskomplikationen häufen). Die Elterntiere müssen auf zwei VDH-Zuchtschauen mindestens mit der Wertnote »Gut« beurteilt worden sein, was die Freiheit von zuchtausschließenden Fehlern (siehe Rassestandard) voraussetzt. Die Zuchthunde in spe müssen nachweislich frei von Hüftgelenksdysplasie sein (in der HZD HD-f oder HD-V. Letztere Verpaarung nur mit HD-freien Zuchtpartnern). Beim RZV werden zusätzlich seit 1995 Augenuntersuchung durchgeführt. Eine Jugendbeurteilung und eine Hauptkörung bzw. Zuchttauglichkeitsprüfung muß bestanden worden sein, die jeweils aus Exterieur- und Wesensprüfung besteht. Die Wesensveranlagung spielt eine entscheidende Rolle und wird in den Vereinen unterschiedlich geprüft (der Wesenstest des RZV enthält u.a. Elemente der Schutzhundarbeit, beim HC und der HZD steht die Überprüfung des untrainierten Verhaltens im Mittelpunkt).
Auch, wenn der Hund alle formellen Anforderungen erbringt, sollte man sich selbstkritisch fragen, ob man mit dessen Nachkommen, die vielleicht in späteren Ahnentafeln auftauchen (vor allem hinsichtlich des Wesens) der Rasse nützen würde oder nicht. Der aussagekräftigste Wesenstest ist der Alltag, wie es der amtierende 1. Vorsitzende des Hovawart-Clubs Goslar, Elmar Wecks, jüngst formulierte. Die Verantwortung des Züchters ist sehr groß!
Der RZV führt seit einigen Jahren mit Hilfe der EDV eine Zuchtwertschätzung durch, um Chancen und Risiken von geplanten Verpaarungen besser voraussagen zu können: »Dabei werden die Beurteilungsergebnisse verwandter Tiere

Hovawarthündin »Asta vom Welfengarten« im Schnee. Foto: Kern

Wer wäre nicht stolz, Nachkommen seines eigenen Hovawartes vor sich zu sehen, wenn alle Bedingungen erfüllt sind? Foto: Kerl

unter Berücksichtigung ihres Verwandtschaftsgrades zu dem interessierenden Einzeltier in die Bewertung einbezogen.« (Wienrich 1992, S. 61; vgl. dazu auch Blasius 1994, S. 116 f). Die HZD führt die Zuchtwertschätzung seit 1994 durch (HZD-Zuchtbuch 1992/93, S. 20). Über die Details geben die Zuchtleiter der jeweiligen Vereine im einzelnen Auskunft.

Wesenstest nach E. Seiferle bei der Körung des HC. Getestet werden Reaktionen auf optische und akustische Reize (u.a. die Schußfestigkeit), auf Menschengruppen und Einzelpersonen sowie – wie hier – die Reaktion auf Bedrohung des Hundeführers. Foto: Kerl

Zuchtvoraussetzungen: die Züchter

Die Bedingungen, die vom angehenden Züchter erfüllt werden müssen, sind weit weniger reglementiert als die, die für seinen Zuchthund gelten! Zum einen muß man einen Zwingernamen über seinen Verein bzw. den VDH schützen lassen, zum anderen sollte der Züchter in spe über folgendes verfügen:

■ Zeit. Rechnet man den Decktermin und die Tragzeit von etwa 63 Tagen mit ein, ist der Züchter etwa 5 Monate des Jahres mit der Planung und Durchführung seines Wurfvorhabens beschäftigt, wenn die Welpen 10 Wochen lang bei ihm bleiben. Richtig zeitintensiv wird das Aufziehen der Welpen, wenn etwa nach Ablauf der ersten drei Wochen zugefüttert werden muß und der vierbeinige Nachwuchs optimal geprägt werden soll. Dazu kommt Besuch am laufenden Band, den man mit Kaffee und Kuchen versorgen muß, eine ständig laufende Waschmaschine, unzählige Telefonate mit den Welpenkäufern, der Welpenvermittlung sowie dem Zuchtwart, das mehrmalige Richten der Wurfkiste pro Tag und das ständige Einsammeln der Häufchen im Auslauf. Für Vollzeit-Berufstätige ein kaum zu bewältigendes Pensum!

■ Genetische, tiermedizinische und kynologische Kenntnisse; jeder Züchter sollte alles an In-

Welpenprägung von Anfang an! Foto: Kerl

»Amber vom Luchshohl«, 8 Wochen alt. Foto: Kerl

formationen sammeln, was sich über die Hunde im allgemeinen und seiner Rasse im besonderen, aber auch über seine Zuchtlinie in Erfahrung bringen läßt. Seriöse Züchter beraten die Käufer auch nach der Abgabe – optimalerweise ein ganzes Hundeleben lang. Auch juristische Grundkenntnisse sind nützlich, schließlich geht man mit den Welpenkäufern ein Vertragsverhältnis ein.

■ Züchter brauchen neueste Erkenntnisse über die optimale und artgerechte Welpenaufzucht. Dazu gehört, Aussagen über die Rangfolge im Welpenrudel machen zu können und die jungen Hovawarte entsprechend zu beobachten. Nur so läßt sich etwa der »Kopfhund« benennen und beurteilen, ob er zu den vorgesehenen Käufern passen würde. Bitte bedenken Sie, daß Sie als Züchter vom Welpenkäufer als Fachmann/Fachfrau angesehen werden, von dem Know-how erwartet wird!

■ Einen Partner/eine Familie, der/die hinter dem Vorhaben steht. Es gibt so unglaublich viel zu erledigen, zu besorgen und zu organisieren in diesen 8 bis 10 Wochen, daß es allein kaum zu bewältigen ist. Und was passiert, wenn die Welpen plötzlich rund um die Uhr mit der Hand gefüttert werden müssen oder aber der eigentliche Züchter erkrankt?

■ Platz. Hovawartwelpen wollen etwa um die vierte Lebenswoche herum an die frische Luft und die Umgebung im geräumigen Welpenauslauf erkunden. Ein Balkon reicht nicht! Weidt hat gezeigt, welche positiven Auswirkungen ein abwechslungsreicher »Abenteuerspielplatz« auf die Entwicklung junger Hunde hat (Weidt/Berlowitz 1996). Außerdem kann es immer sein, daß man einen einst verkauften Hund – zumindest

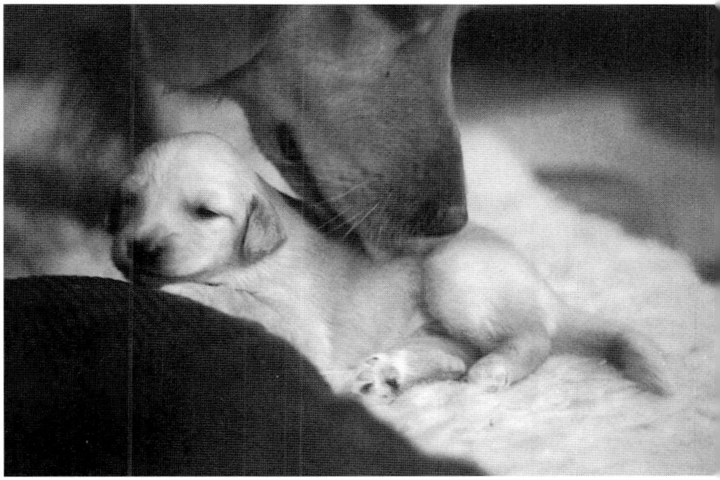

Der Charakter der Mutterhündin ist für die Wesensentwicklung der Welpen von großer Wichtigkeit. Foto: Kerl

Der Züchter hat das Glück seiner Welpen buchstäblich in der Hand! Foto: Kerl

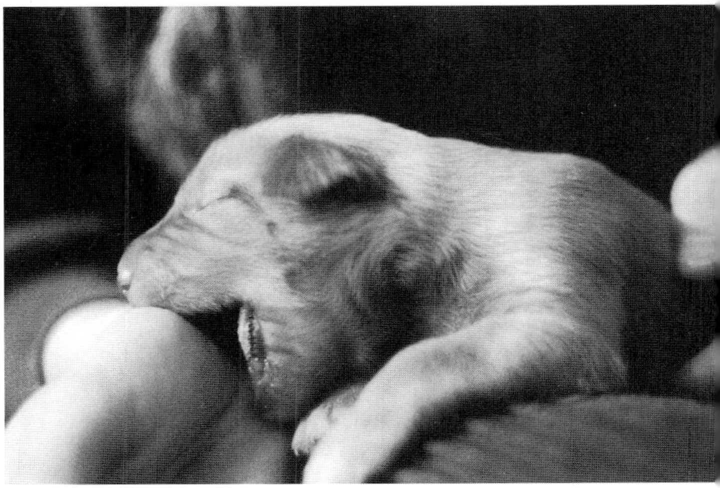

für eine Weile – wieder zu sich nehmen muß; auch dafür sollte man die räumlichen Voraussetzungen haben. Begeisterte Hobbygärtner sollten sich klar machen, daß sich üppige Stauden mit Hovawartwelpen nicht vereinbaren lassen!

■ Hundebegeisterte Nachbarn. Einen Wurf munterer, lautstarker Hovawartwelpen in einem Neubaugebiet aufzuziehen, *kann* saftigen Ärger mit den Anwohnern geben!

■ Geld, denn es ist einiges an Gebühren an den Deckrüdenbesitzer und an den Verein zu entrichten. Außerdem verschlingen hochwertiges Aufzuchtfutter, die energiereiche Ernährung der Hündin, Entwurmungen, Impfungen und die ganze Erstausstattung sehr viel Geld. Ab dem Wurftag steigen die Telefonkosten sprunghaft an, weil man sehr viel zu planen und zu organisieren hat. Stellen sich Komplikationen oder Erkrankungen von Mutterhündin und/oder Welpen ein, müssen die (zuweilen enormen) Tierarztkosten bedacht werden.

■ Gute Nerven und (nach Möglichkeit) eine robuste Gesundheit, denn der Züchter ist acht bis zehn Wochen voll in die Welpenpflege eingespannt: Aufregungen und unvorhergesehene Ereignisse inklusive!

■ Menschenkenntnis, denn das Finden guter Welpenkäufer ist eine heikle, verantwortungsvolle Angelegenheit, die viel Zeit braucht und

»Fabian vom Pleikershof«, 8 Wochen alt. Foto: Rosenfelder

Für die Welpenaufzucht braucht man viel Zeit, Platz, Geld und Nerven. »Banja vom Weserstein«. Foto: Lindrum

manche Enttäuschung verursacht. Das offene Gespräch berührt notgedrungen die Privatsphäre des noch unbekannten Welpeninteressenten. Außerdem muß man später beurteilen können, welcher Welpe zu welchem Menschen am besten passen würde. Hier muß manch klares Wort gesprochen werden, das nicht allen Zweibeinern gefällt. Manchmal nötig: eine klare Absage!

Die Plazierung der Welpen muß gut überlegt sein und bereitet dem Züchter nicht selten schlaflose Nächte.

Ein Wurf vielversprechender Hovawartwelpen, für die man die bestmöglichen Hände gefunden hat, ist der schönste Lohn für all die Mühe. Sie sehen, welche Liebe zu seinen Hunden man als guter Züchter mitbringen muß! An dieser Stelle kann nicht auf die praktische Seite des Züchtens eingegangen werden. Wenden Sie sich vertrauensvoll an die Zuchtwarte der Vereine, die Ihnen mit Rat und Tat zur Seite stehen. Allen, die sich gründlich informieren wollen, sei »Die Technik der Hundezucht« von Dr. Dieter Fleig (siehe Anhang) ans Herz gelegt.

Der blonde Welpe, 10 Wochen alt, schaut aufmerksam, was sich am Himmel bewegt. Foto: Kerl

Die Gesundheit des Hovawarts

Die ausgewogene Ernährung

Die Ernährung trägt einen großen Teil zur Gesunderhaltung Ihres Hundes bei und ist daher in diesem Kapitel zu finden. Die Grundfrage, die sich jeder Hundehalter stellen muß, wird »selbstgekochtes oder fertiges Futter?« lauten. Hierzu gibt es (wen wundert's?) extreme Anhänger der einen oder der anderen Fütterungsart. Für mich persönlich liegt die Lösung dazwischen und heißt »Fertigfutter mit frischen Beimischungen« (Hüttenkäse oder Quark; geraspelte Möhre, geriebener Apfel, Knoblauch, gekochtes Ei, Seealgengranulat für die Pigmentverstärkung blonder Hovawarte). Zum einen ist es praktisch, auf Fertignahrung (auch auf Reisen) zurückgreifen zu können, zum anderen hat man die Gewähr, daß sich die Vitamin-, Eiweiß- und Mineralstoffzugaben an wissenschaftlichen Erkenntnissen orientieren. Warum dann die frischen Zugaben? Zwar behaupten die Futtermittelhersteller, einem Hund würde es nichts ausmachen, täglich das gleiche Futter zu fressen, aber im Sinne einer buchstäblich »reizvollen« Hundehaltung scheint mir Abwechslung auch für Geruchs- und Geschmackssinn geboten zu sein. Außerdem gehen durch das Konservieren auch Vitamine verloren. Gereicht wird das Futter nie direkt aus dem Kühlschrank, sondern stets handwarm. Ausreichend Wasser muß immer bereitstehen.

Als Zwischenmahlzeit bieten sich an: (getrockneter) Pansen, Ochsenziemer, Trockenfisch, getrocknete Rinderohren, harte Hundekuchen, Rinderfellstücke, Hornstücke von Rinder- oder Pferdehufen und Büffelhautknochen usw. (zuviele »echte« Knochen können zu schlimmer Verstopfung bis hin zum lebensbedrohlichen Darmverschluß führen).

Ob man dem jungen Hovawart bis zum Abschluß des Wachstums **Calcium- und Mineralzusätze** zur Unterstützung des Knochenaufbaus beimischen sollte oder nicht, hängt vom Grundfutter ab. Bei selbstzubereiteter Kost oder billigem Fertigfutter sind Kalkgaben geboten. Füttert man dagegen Spezialfutter für die Aufzucht schnellwüchsiger, großer Rassen, kann die Beigabe sogar schaden: Ein sehr schnelles Wachstum durch Überdosierung wird heute für die Begünstigung von Skeletterkrankungen mitverantwortlich gemacht.

Als Hundefutter verboten ist **rohes Schweinefleisch,** das die tödliche Aujeszkysche Krankheit hervorrufen kann, ebenso Wurstprodukte aus rohem Schwein und Schweinsknochen. Verzichten sollte man auch auf **ungegartes Eiklar,** das die Biotinverwertung behindert. Ebenfalls auf der Verbotsliste: **Geflügelknochen,** die splittern und zu schweren inneren Verletzungen führen können. Daß **Süßigkeiten** nicht in den Hundenapf gehören, sollte sich inzwischen herumgesprochen haben.

Die Frage nach der besten **Futtermenge** kann man nicht pauschal beantworten. Frißt der Hovawart zügig den Napf leer, und ist er eher mager, erhöht man ab sofort die Ration. Mäkelt er und hat genug auf den Rippen, darf es künftig weniger sein. Was nach etwa 10 Minuten nicht aufgefressen wurde, kommt in den Kühlschrank. Gibt man **Leckerchen,** müssen die Kalorien vom Grundfutter abgezogen werden. **Wie oft** soll der Hovawart am Tag fressen? Hier muß man sich nach dem Alter richten. In den ersten Wochen nach der Übergabe erhalten Welpen 4 kleinere Mahlzeiten täglich, wobei Ihnen der Züchter einen Futterplan mitgibt. Schnelle Umstellungen können Magen- und Darmprobleme hervorrufen! Man reduziert langsam auf zwei Hauptmahlzeiten (am besten stets zur gleichen Zeit) pro Tag für den erwachsenen Hund plus einer kleinen Zwischenmahlzeit. Überfüllt sich der Hovawart bei nur einer Mahlzeit täglich, erhöht sich die Wahrscheinlichkeit, daß es zur lebensgefährlichen Magendrehung kommt (dazu später mehr). Um dieser vorzubeugen, sollten wilde Tobespiele nach dem Fressen für mindestens zwei Stunden tabu sein.

Viele Autoren empfehlen, den Hovawart aus einem erhöhten Edelstahl-Futterständer fressen

Büffelhautknochen dienen der Zahnpflege und der Beschäftigung. Foto: Kerl

»Cilly vom Hüllepfuhl« nimmt ein ausgiebiges Schneebad. Foto: Kiene

zu lassen, da sonst Spreizpfoten und Haltungsschäden drohten und durch das vermehrte Schlucken von Luft der Magendrehung Vorschub geleistet würde. Ich habe auf jeden Fall die Erfahrung gemacht, daß es für den Menschen sehr praktisch ist, sich nicht nach dem Napf bücken zu müssen und dieser nicht durch die ganze Küche geschoben werden kann.

Körperpflege muß sein

Der Hovawart ist zwar langhaarig, hat aber keine übermäßige Unterwolle, so daß die Fellpflege wenig Mühe macht. Besondere Aufmerksamkeit verlangen die Befederung der Hosen, der Rute, der Läufe sowie die Behänge, wo sich gerne Kletten festsetzen und sich Filzknoten bilden, die vorsichtig in Längsrichtung aufgeschnitten und ausgekämmt werden sollten. Gut geeignet sind eine Bürste mit Metall- oder Naturborsten und ein Kamm mit feiner auf der einen und grober Zinkung auf der anderen Seite. Befindet sich der Hund im Fellwechsel, muß er entsprechend häufiger gebürstet werden, damit er die lose Unterwolle nicht im ganzen Haus verteilt. Bei Regenwetter sollten alte Handtücher zum Trockenreiben bereitliegen.
Vom Baden kann man normalerweise ganz absehen; hat sich der Hund jedoch in Jauche, Mist, Entenkot, totem Fisch o.ä. gewälzt, ist die lauwarme Teilwaschung mit einem milden Hundeshampoo empfehlenswert. Bäder in freier Natur lieben viele Hovawarte. Auch sie dienen der Körperpflege und erhöhen die Lebensfreude.
Zur Körperpflege gehört die übliche Kontrolle von Ohren, Augen, Zähnen, After, Schamgegend und Krallen. Schüttelt der Hund den Kopf, kratzt er sich an den Behängen, riecht er streng aus den Ohren und ist dort ein schwarz-brauner öliger Belag zu sehen, liegt der Verdacht auf eine **Otitis externa,** die Entzündung des äußeren Gehörganges, nahe, die man vom Tierarzt behandeln lassen muß. Sie wird durch das feucht-warme Milieu im Behang begünstigt und kann durch Pilze, Bakterien oder Milben ausgelöst werden. Die **Augen** sollten klar sein und keine übermäßige Sekretbildung erkennen lassen. Muß der Hund wegen des HD-Röntgens oder eines Eingriffes in Narkose gelegt werden, kann der Tierarzt **Zahnstein** bei dieser Gelegenheit per Ultraschall entfernen. Die beste vorbeugende Zahnpflege sind harte Hundekuchen und getrocknete Ochsenziemer. Sind die **Krallen** zu lang, weil der Hund viel auf weichem Untergrund läuft, müssen sie mit einer entsprechenden Krallenzange gekürzt werden. Vorsicht bei schwarzen Krallen! Beim ersten Mal sollte man sich die Prozedur vom Tierarzt zeigen lassen. Bitte nicht vergessen: Die Voraussetzung für die problemlose Pflege des Hovawartes ist die Gewöhnung von Welpenbeinen an!

Flöhe, Zecken, Würmer & Co.

Ein Gang auf die Hundewiese, ein Toben mit Nachbars Hund und schon kann der Hovawart **Flöhe** mit nach Hause bringen. Das ist nicht tragisch und auch kein Zeichen mangelnder Hygiene. Es wäre frevelhaft, den Hovawart aus Angst vor Flöhen von anderen Hunden fernzuhalten! Man muß allerdings wissen, daß die Parasiten an der Übertragung des Hundebandwurms beteiligt sein können.

Die mechanische Flohentfernung macht zwar etwas Mühe, aber das Kämmen mit einem speziellen Flohkamm, der ab und zu in heißes Wasser getaucht wird, das Sauberhalten des Hundelagers und tägliches Saugen scheinen die schonendsten Methoden zu sein, wenn nur ein geringer Befall vorliegt. Vor dem Einsatz von »chemischen Keulen« berät man sich besser mit

Flöhe halten sich vor allem auf dem Hundelager, in Fußbodenritzen, Teppichen, Polstermöbeln und ähnlichen Unterschlupfmöglichkeiten in der Wohnung auf und vermehren sich dort. Will man also Flöhe bekämpfen, gilt vor allem der Umgebung des Hundes höchste Aufmerksamkeit. Foto: Kerl

dem Tierarzt (vgl. Kauffmann/Kühl 1995, S. 206 ff).

Leicht zu entfernen sind **Zecken** mit einer speziellen Metall- oder Plastikzange. Zecken können Lyme-Borreliose übertragen, die zuerst eine Verschlechterung des Allgemeinbefindens, danach Lahmheit und Nervenentzündungen nach sich zieht. In manchen Regionen ist die Borreliosegefahr größer als andernorts. Fragen Sie hierzu Ihren Tierarzt! Ist die Erkrankung diagnostiziert, muß sie mit Antibiotika behandelt werden.

Während und nach jedem Spaziergang den Hund (mit einem feinzinkigen Kamm) auf kriechende Zecken absuchen, was bei den blonden Hovawarten erheblich erfolgreicher ist.

Nicht zu spaßen ist mit **Haken- und Spulwürmern,** die vor allem Welpen und Junghunden schaden. Durch die Muttermilch bzw. über die Plazenta können bereits Saugwelpen infiziert werden und müssen beim Züchter gemeinsam mit der Mutter mehrmals entwurmt werden. Besonders in Haushalten mit Kleinkindern ist auf die regelmäßige Entwurmung (ggf. nach einer Untersuchung von Kotproben) zu achten. Gleiches gilt für den **Hunde- und den Fuchsbandwurm,** gegen den der Tierarzt spezielle Wurm-

Hier lauern Zecken! Nach dem Laufen in solchem Unterholz, Gebüschen und hohem Gras sollte man den Hund nach den Blutsaugern absuchen. Foto: Lindrum

kuren verschreibt. Wer sich genauer informieren möchte, dem hilft das Buch »Gefahren für Hund und Halter. Maßnahmen zur Abwehr von Schädlingen« von Birgit und Heinz Mehlhorn (siehe Anhang) weiter.

Gefahr durch Infektionen

Größte Gefahren für die Gesundheit des Hundes drohen durch die Infektionskrankheiten Parvovirose, Staupe, Hepatitis, Leptospirose und die auf den Menschen übertragbare Tollwut. Vor allem Staupe- und Parvovirose-Fälle sind in den Tierarztpraxen wieder häufiger zu finden. Auch geimpfte Hunde können erkranken, jedoch wird bei diesen der Krankheitsverlauf in der Regel erheblich gemildert. Wenn Sie Husten, Augen- und Nasenausfluß, Trägheit, anhaltendes Erbrechen, starken wässrig-blutigen Durchfall, aufgerissene Haut am Nasenspiegel und an den Pfotenballen, hohes Fieber, blasses oder gelbliches Zahnfleisch (eventuell mit kleinen Geschwüren), Appetitlosigkeit, Ruhelosigkeit, großen Durst oder die Unfähigkeit zu schlucken bei Ihrem Hovawart feststellen, könnte eine dieser Erkrankungen verantwortlich sein. Nicht zögern – sofort ab zum Tierarzt! Um es gar nicht erst so weit kommen zu lassen, ist das *lückenlose,* jährliche Impfen das ganze Hundeleben lang das A und O und kann Ihrem Hovawart unter Umständen das Leben retten.

»Cisko vom Steinkreuz«, ein knapp zweijähriger schwarzmarkener Rüde. Foto: Sander

Gesundheitsfürsorge

Jede Änderung des Allgemeinbefindens wie Bewegungsunlust, mangelnder Appetit, Durchfall, Erbrechen usw. hat Gründe, denen nachgegangen werden muß.

Der **Bewegungsapparat** wird manchmal auch durch das temperamentvolle, wilde Toben des Hovawartes in Mitleidenschaft gezogen (Verstauchungen). Bänderrisse können vor allem bei schweren Hovawarten beim Springen verursacht werden.

Auch der gut sozialisierte Hovawart kann in eine ernsthafte Beißerei verwickelt werden. **Bißwunden** sind meist gefährlicher als sie aussehen und sollten zur Sicherheit immer dem Tierarzt vorgestellt werden.

Ein gesunder Hovawart ist voller Energie und Lebensfreude! Foto: Kerl

Die **Magendrehung** sollte jeder Hovawart-Besitzer in ihren typischen Anzeichen kennen. Sie ist ein Problem großer Hunderassen und geht oft mit einem schwachen Bindegewebe einher. Dies sollte man auch züchterisch beachten, da man eine familiäre Häufung beobachten kann (vgl. Venzl 1995, S. 25). Der Magen dreht sich beim akuten Fall (besonders in den Abendstunden!) plötzlich um die eigene Achse, wobei meist der Darm leer und der Magen mäßig gefüllt ist und wie ein Pendel ins Schwingen kommt. Speiseröhre und Zwölffingerdarm samt Blutzufuhr werden abgedrückt, wodurch es zu einer Gasansammlung kommt, die in kurzer Zeit den Bauch stark aufbläht. Der Hund hat große Schmerzen, würgt und versucht, sich zu erbrechen. Hinzu kommen Atemnot und Kreislaufstörungen. Wird nicht innerhalb kürzester Zeit operiert, ist der Hund nicht mehr zu retten! Viele Veterinäre raten dazu, große Hunde vorsorglich

Hovawarte aus der Schweiz. Von Welpenbeinen an braucht der Hovawart Sozialkontakte zu Artgenossen, um sich optimal zu entwickeln. Foto: Oppliger

mehrmals am Tag (jedoch nicht abends nach 17 Uhr!) zu füttern und nach dem Fressen Ruhezeiten einzuhalten (siehe Teichmann 1994, S. 191 und Kauffmann/Kühl 1995, S. 106). Für alle gesundheitlichen Störungen gilt: Lieber einmal zuviel als einmal zuwenig zum Tierarzt. Das sind wir unserem Hund schuldig!

Unser Hovawart wird alt

Ein altes Jägersprichwort besagt: »Drei Jahre junger Hund, drei Jahre guter Hund, drei Jahre alter Hund«. »Drei Jahre junger Hund« gilt auch für den Hovawart. Nun kann man bei einem sechsjährigen Hovawart noch keine Alterserscheinungen in diesem Sinne ausmachen, aber er ist erheblich ruhiger und abgeklärter geworden. Der neunjährige Hovawart zeigt dagegen schon, daß er ab und zu die Energiespartaste drückt und den Jüngeren nicht mehr jeden Haken hinterher rennt. Statt dessen wartet der reife

Altersfrische Hovawarte aus der Schweiz, zwischen 10 und 15 Jahre alt. Die Langlebigkeit sollte ein Zuchtziel erster Güte sein. Foto: Oppliger

Hovawart in weiser Voraussicht, bis er den Junghunden den Weg abschneiden kann.
Nun nimmt langsam die Leistungsfähigkeit des Hundes ab, worauf wir Rücksicht nehmen müssen. Man sollte ein Auge auf das Herz, den Kreislauf, die Nieren und die Zähne haben und den Tierarzt beim jährlichen Impfen ab dem 8. Lebensjahr um Vorsorge-Untersuchungen bitten. Dr. Helga Eichelberg hat anläßlich einer Zuchtleiter- und Zuchtbuchführer-Tagung des VDH 1995 eine interessante Statistik vorgelegt. Sie wertete die Daten von knapp 10.000 Hunden verschiedener Rassen aus und untersuchte sie auf die häufigsten Todesursachen. So machten die Tumore mit 27,3 Prozent gefolgt von Herz-Kreislauf-Erkrankungen mit 16,3 Prozent den größten Anteil bei Krankheiten mit tödlichem Ausgang aus (Eichelberg 1996, S. 8)! Leider sind auch unsere Hunde krankmachenden Umwelteinflüssen ausgesetzt, auf die wir nur wenig Einfluß haben.

Die schwere Stunde des Abschieds

Beim Hovawart können wir von einer durchschnittlichen Lebenserwartung von etwa 10 bis 11 Jahren ausgehen. Angesichts der von Eichelberg (ebd.) festgestellten durchschnittlichen 6,8 Jahre beim Berner Sennenhund, 7,0 beim Rottweiler und 9,0 Jahren beim Deutschen Schäferhund, wird der Hovawart vergleichsweise alt! Jeder gesunde Lebenstag nach dem 10. Hundegeburtstag ist ein Geschenk an den Hovawartbesitzer, das er bewußt genießen sollte. Leider können wir nicht davon ausgehen, daß unser vierbeiniges Familienmitglied eines Tages sanft eingeschlafen in seinem Korb liegt. Meistens liegen doch Hoffen und Bangen eine Weile dicht beieinander, bis schließlich klar ist, daß wir unseren geliebten Hovawart von seinen Leiden erlösen müssen. Ich habe dies als den schrecklichsten Moment der ganzen Hundehaltung empfunden: Keine verstandesmäßige Erklärung kann über die schmerzliche Erfahrung hinwegtrösten, einen Freund zu verlieren. Man grübelt, zweifelt, fährt zum fünften Tierarzt, weil sich die anderen vier geirrt haben könnten und doch:

»Fara vom Trabener Steg«, eine 11 Jahre alte schwarze Hündin. Foto: Schaefer

Die Lebensphase mit dem alten Hund ist – wie jede andere mit dem Hovawart – beglückend, denn kleinste Zeichen der Verständigung reichen aus. »Eika vom Lindenthal«, 16 Jahre alt! Foto: Oppliger

»Meinen Sie nicht, daß Sie am besten erkennen, wenn Ihr alter Hund nicht mehr mag? Oder wenn Ihr noch gar nicht alter Hund so krank ist, daß ihn jede Lust am Leben verlassen hat? Sie werden das wissen. Dennoch möchten Sie nicht wahrhaben, was Sie sehen und spüren (...). Gönnen Sie ihm jetzt, was so vielen Menschen aus Kompetenzstreitigkeiten verweigert wird: einen guten, schmerzlosen Tod in Ihren Armen. Und schauen Sie zuletzt nicht aufs Geld. (...) Lassen Sie *Ihren* Tierarzt *kommen.*« Die Entscheidung über das Ende fällt unsagbar schwer. Doch diesem eindringlichen Rat von Gebhardt/Haucke (1988, S. 61) ist nichts hinzuzufügen.

Mit der tiefen Trauer um Ihren Hovawart kommt auch die Frage, ob nun wieder ein Welpe an seine Stelle treten sollte oder nicht. Ich sehe es *nicht* als Verrat an unserem verstorbenen Hund an, wenn ein Nachfolger ins Haus kommt.

Wenn Sie einsehen, daß der Tod untrennbar zum Leben gehört, werden Sie sich wieder mit einem hoffnungsvollen Hovawartwelpen in das faszinierende Abenteuer stürzen, das »Hundehaltung« heißt. Und dafür wünsche ich Ihnen alles erdenklich Gute!

Jeder Hovawart hat eine so einzigartige Persönlichkeit, daß er niemals eine Kopie des Vorgängers sein könnte. Wer dies begreift, für den wird jeder Hund an seiner Seite einmalig sein. (»Anouschka vom Luchshohl«, 8 Mon. alt). Foto: Reiter

Anhang

Literaturverzeichnis

Aldington, Eric H. W., 1986: Von der Seele des Hundes. Wesen, Psychologie und Verhaltensweisen des Hundes. Gollwitzer, Weiden.

Bali, Raj, 1996: Hüftgelenksdysplasie: Nie zu heilen, aber oft zu behandeln. In: DER HUND 1/96. Deutscher Bauernverlag, Berlin.

Beckmann, Gudrun, 1995. Der Hovawart. Wundertüte voller Überraschungen. In: Partner Hund 8/95. Gong Verlag, München.

Beckmann, Gudrun/ Beckmann, Susanne, 1994: Vom aufrechten Menschen zum Hundehalter. 500.000 Jahre Ko-Evolution und Kulturgeschichte von Mensch und Hund. TG-Verlag U. Beuing, Gießen.

Benecke, Norbert, 1994: Der Mensch und seine Haustiere. Die Geschichte einer jahrtausendealten Beziehung. Theiss, Stuttgart.

Bengeforth, Fritz, 1992: Der Hovawart. Aktuelle kynologische Themen. Oertel + Spörer, Reutlingen.

Bengeforth, Fritz/ Radam, Heinz, 1983: Der Hovawart. Herkunft, Zuchtgrundsätze, Erziehung und Haltung. Paul Parey, Hamburg und Berlin.

Bernauer-Münz, Heidi/ Quandt Christiane, 1995: Problemverhalten beim Hund. Gustav Fischer Verlag, Jena und Stuttgart.

Blasius, Heidrun, 1985: Praktische Ratschläge für Haltung, Pflege und Erziehung. Verlagsgesellschaft Rudolf Müller, Köln-Braunsfeld.

Blasius, Heidrun, 1994: Der Hovawart. Haltung, Zucht, Erziehung, Ausstellung, Gesundheitsfürsorge. Kynos Verlag, Mürlenbach/Eifel.

»Callie vom Oberwald«, ein schwarzmarkener Jungrüde. Foto: RZV

Blasius, Heidrun, 1995: Quo vadis Hovawart? In: HOVAWARTBLÄTTER 3/95, Breitscheid.

Brackert, Helmut/ van Kleffens, Cora, 1989: Von Hunden und Menschen. Geschichte einer Lebensgemeinschaft. Verlag C. H. Beck, München.

Clark, Anne Rogers/ Brace, Andrew H., 1995: Kynos großer Hundeführer. Kynos Verlag, Mürlenbach/ Eifel.

Eichelberg, Helga, 1996: Woran sterben unsere Hunde? In: UNSER RASSEHUND 1/96, VDH, Dortmund.

Feddersen-Petersen, Dorit 1991: Aggressive Hunde – ein Tierschutzproblem. In: Tierärztliche Umschau 12/91. Terra-Verlag, Konstanz.

Fischer, John, 1995: Vom Strolch zum Freund. Das ABC für Problemhunde. Müller Rüschlikon, Cham.

Fleig, Dieter, 1992: Die Technik der Hundezucht. 2. Aufl., Kynos Verlag, Mürlenbach/Eifel.

Gail, Heinz, 1994: 1x1 der Hundeerziehung. Der Ratgeber für die erfolgreiche Erziehung vom Welpen bis zum Jährling. 3. Aufl., Kynos Verlag, Mürlenbach/Eifel.

Gebhardt, Heiko/ Haucke, Gert, 1988: Die Sache mit dem Hund. 100 Rassen kritisch unters Fell geschaut und viele Tips, wie man sich den Hund zum Freund macht. Rasch und Röhring, Hamburg.

Graf, Fred, ohne Jahr: Informationsblatt der Forschungs- und Kontrollzucht der Hovawart-Stammzucht e. V., Menslage-Hahlen.

Graf, Fred, 1978: Rassekunde – Hundekunde. In: Dein Hund. Das Rassehunde-Magazin. Heft 86/1978. VDRG (Hrsg.), Bochum.

Graf, Fred, 1981: »Was ist Hovawart-Zucht?« In: Dein Hund. Das Rassehundemagazin. Heft 100/1981. VDRG (Hrsg.), Bochum.

Graf, Fred, 1994: Mitteilungsblatt Nr. 72, 3/1994 der Forschungs- und Kontrollzucht der Hovawart-Stammzucht e. V., Menslage-Hahlen.

Graf, Fred, 1995: Mitteilungsblatt Nr. 74, 2/1995 der Forschungs- und Kontrollzucht der Hovawart-Stammzucht e.V., Menslage-Hahlen.
Hansen, Jens, 1988: 40 Jahre Rassezuchtverein für Hovawart-Hunde e.V. 1948 – 1988, Versuch einer Dokumentation. RZV, Bremervörde.
Hovawart-Zuchtgemeinschaft Deutschland e.V. (Hrsg.): HZD-Zuchtbuch 1992 – 1993. Berlin.
Jung, Doris, 1981: Der Hovawart. Ein Gebrauchshund – ein Familienhund. Albrecht Philler Verlag, Minden.
Jung, Doris, 1993: Der Hovawart. Ein Gebrauchshund – ein Familienhund. 2. Aufl., Landbuch-Verlag, Hannover.
Kaiser, Hermann, 1994: Ein Hundeleben. Von Bauernhunden und Karrenkötern. Zur Alltagsgeschichte einer geliebten und geschundenen Kreatur. 2. Aufl., Verlag Museumsdorf Cloppenburg.
Kauffmann, Detlef/ Kühl, Christian 1995: Die Tiersprechstunde. Der Ratgeber für Hundefreunde. Rasch und Röhring Verlag, Hamburg.
Klever, Ulrich, 1972: Dein Hund, das unverstandene Wesen. Chr. Belser Verlag, Stuttgart.
Kober, Ulrich/ Peper,Wilfried, 1995: Pareys Hundebuch. Ein Leitfaden für zeitgemäße Hundehaltung. 2. Aufl., Paul Parey, Hamburg.
König, Kurt F., 1972: Der Hovawart – mehr als ein Rassehund. In: Dein Hund. Das Rassehunde-Magazin. Heft 61/1972. VDRG (Hrsg.), Wattenscheid.
Kühnel, Harry (Hrsg.), 1985: Alltag im Spätmittelalter. Verlag Styria, Graz
Kufner, Paul, 1983: Ausbildungspraxis in Wort und Bild. Eigenverlag, Deggendorf.
Langheim, Gisbert, 1989: In: Rassezuchtverein für Hovawart-Hunde e.V. (Hrsg.) : RZV-Zuchtbuch für die Jahre 1987 und 1988. TG Verlag, Gießen.
Langheim, Gisbert, 1991: In: Rassezuchtverein für Hovawart-Hunde e.V (Hrsg.): RZV-Zuchtbuch für die Jahre 1989 und 1990. TG Verlag, Gießen.
Mehlhorn, Birgit und Heinz, 1992: Gefahren für Hund und Halter. Maßnahmen zur Abwehr von Schädlingen. Springer Verlag, Berlin.
Obermark, Gabriele, 1983: Der Hovawart. Aufzucht – Haltung – Pflege – Ausbildung. Franckh-Kosmos, Stuttgart.
Ochsenbein, Urs, 1994: ABC für Hundebesitzer und solche, die es werden wollen. 4. Aufl., Müller Rüschlikon, Cham.
Oppliger, René 1995: Ausstellungskatalog »in memoriam Erich Hürzeler«, 35 Jahre Schweizerischer Hovawart-Club, Münchenstein.
Ottmann, Ute, 1995: Hovawarte zeigen Leistungen auf hohem Niveau. In: DER HUND 1/95, Deutscher Bauernverlag, Berlin.
Räber, Hans, 1993: Enzyklopädie der Rassehunde. Ursprung, Geschichte, Zuchtziele, Eignung und Verwendung. Band 1, Franckh-Kosmos, Stuttgart.
Rassezuchtverein für Hovawart-Hunde e.V. (Hrsg.), 1995: Zuchtbuch Ausgabe 1995 für die Jahre 1993 und 1994. TG Verlag, Gießen.
SZG Hovawartzüchter (Hrsg.), 1969: Zuchtbuch der Jahrgänge 1953 -1968. Berlin.
Teichmann, Peter, 1994: ABC der Hundekrankheiten. Erkrankungen vorbeugen, erkennen, behandeln. 4. Aufl., Naturbuch Verlag, Augsburg.
The World Conservation Union, 1991: Wild Dogs and their Relatives. IUCN, Gland.
Trumler, Eberhard, 1986: Der schwierige Hund. Kynos Verlag, Mürlenbach/Eifel.
Venzl, Elisabeth 1995: Die Magendrehung beim Hund. In: HOVAWARTBLÄTTER 3/95, Breitscheid.
Weber-Kellermann, Ingeborg, 1979: Die Kindheit. Eine Kulturgeschichte. Insel Verlag, Frankfurt a. M.
Weidt, Heinz/ Berlowitz, Dina, 1994: Prägungsspieltage. Ein Leitfaden für die Organisation, Durchführung und Teilnahme. Hrsg.: Schweizerische Kynologische Gesellschaft, Bern.
Weidt, Heinz / Berlowitz, Dina, 1996: Spielerisch vom Welpen zum Hund, Naturbuchverlag, Augsburg.
Wienrich, Volker, 1992: Der Hovawart. Praktische Ratschläge für Haltung, Pflege und Erziehung. 3. Aufl., Paul Parey, Hamburg und Berlin
Zimen, Erik, 1988: Der Hund. Abstammung – Verhalten – Mensch und Hund. Bertelsmann, München.

Wichtige Adressen

Kynologische Dachverbände

Fédération Cynologique Internationale (FCI)
12, Rue Léopold II, B-6530 Thuin

Verband für das Deutsche Hundewesen e.V. (VDH)
Westfalendamm 174, D-44141 Dortmund

Schweizerische Kynologische Gesellschaft (SKG)
Länggasstr. 8, Postfach 8217, CH-3001 Bern

Österreichischer Kynologen-Verband (ÖKV)
Joh.-Teufel-Gasse 8, A-1238 Wien

Deutscher Hundesportverband (dhv)
Geschäftsstelle: Gustav-Sybrecht-Str. 42,
D-44536 Lünen

Internationale Hovawart-Föderation (IHF)
Generalsekretär: Rolf-Dieter Eickenberg,
Bechsteinstr. 14, D-42653 Solingen

Hovawart-Rassezuchtvereine (FCI) des deutschen Sprachraums in alphabetischer Reihenfolge

Hovawart-Club e.V., Rechtssitz Goslar (HC)
Geschäftsstelle: Kirsten Zillmer, Str. 200 Nr. 59, D-12355 Berlin,
Tel.: 030-663 37 38

Hovawart-Zuchtgemeinschaft Deutschland e.V., Rechtssitz Berlin (HZD)
1. Vorsitzender: Klaus Frey, Dorfstr. 29, D-21376 Eyendorf
Tel.: (04172)7217; Fax.: (0 41 31)74 96 22

Österreichischer Klub der Hovawartfreunde (ÖKH)
Präsident u. Geschäftsstelle: Gerhard Michler, Blümlergasse. 10, A-3434 Tulbing,
Tel.: (0043-2273) 2054

Rassezuchtverein für Hovawart-Hunde e.V., Rechtssitz Coburg (RZV)
Geschäftsstelle: Am Hermannsbrunnen 33, D-58239 Schwerte,
Tel. u. Fax: (0 23 04) 4 53 05
Internet: http //members.aol.com/Hovawarte/Hovawart.htm
BTX: Seitennr.: 24082550 oder unter dem Suchwort »VDH«

Schweizerischer Hovawart-Club (SHC)
Präsident: Rolf Waldner, Rebe 212, CH-4234 Zullwil,
Tel.: (0041-61) 7910953

Danksagung

Bei folgenden Personen bedanke ich mich ganz herzlich für die Bereitstellung von Material, Fotos, Informationen und für ihre freundliche Unterstützung, ohne die dieses Buch nicht möglich gewesen wäre: Sabine Aschöwer (UR-Redakteurin, VDH), Heidrun Blasius (HC-Zuchtleiterin), Irene Döbbeling (HC-Züchterin, Hovawarte »vom Nebelsee«), Rolf-Dieter Eickenberg (IHF-Generalsekretär), Fred Graf (HST-Zuchtberatung), Inge Hansen (HZD-Zuchtleiterin), Ingrid Heipel (UR-Redakteurin, HC), Dr. Ingetraud Herbertz, Dr. Hermann Kaiser (stellv. Museumsleiter, Freilichtmuseum Cloppenburg), Gaby Kiene (HC-Zuchtbuchamt), Elke Lorenz (RZV-Pressewartin und UR-Redakteurin), den Mitarbeitern des Deutschen Bauernverlags (Zeitschrift DER HUND, Berlin), den Mitarbeitern des Müller Rüschlikon Verlags, Monika Meier, Urs Ochsenbein, Heidi und René Oppliger (SHC-Richter), Hartwig Reiter, Almut Rosenfelder, Christine Sander, Thaletta Schaefer, Martina Stöcker-Wecks, Britta Schweikl-Ecklmayr, Elmar Wecks (1. Vorsitzender, HC), Doris Wolf (komm. RZV-Vizepräsidentin, Obfrau für Öffentlichkeitsarbeit und Ausstellungswesen), Prof. Dr. med. vet. Hans Wunderlich, Barbara Zierott-Siemon (HZD-Züchterin, Hovawarte »von den Eiderauen«), Kirsten Zillmer (HC-Geschäftsstelle).

Mitgestaltung Kapitel »Erziehung«

Urs Ochsenbein
Renggerstr. 49
CH-8038 Zürich

Veterinärmedizinische Durchsicht

Prof. Dr. med. vet. Hans Wunderlich
Unter den Eichen 2
D-15741 Bestensee